Dawn Eden

VI DO LA MIA PACE

Un cammino spirituale per le persone vittime di abusi

SAN PAOLO

Nihil Obstat: Reverendo Carter H. Griffin, S. T. D. Censor Deputatus
Imprimatur: Sua Eminenza Donald Cardinal Wuerl
Arcivescovo di Washington, concesso a Washington, District of Columbia, il 14 dicembre 2011.

Titolo dell'opera originale: *My Peace I Give You. Healing Sexual Wounds with the Help of the Saints*

Traduzione di Paolo Zanna

Dawn Eden è rappresentata da Ambassador Literary, Nashville, TN

Piazza Soncino, 5 - 20092 Cinisello Balsamo (Milano)
www.edizionisanpaolo.it
Distribuzione: Diffusione San Paolo s.r.l.
Piazza Soncino, 5 - 20092 Cinisello Balsamo (Milano)

ISBN 978-88-922-1571-9

Questo libro è dedicato con gratitudine
a padre Daniel A. Lord, sj.
(1888-1955)
che, in un momento di depressione, disse al suo Signore:
«Può proprio darsi che ti troverò nelle profondità
prima di trovarti nelle altezze»;
la cui testimonianza di coraggio e di amore
di fronte alla malattia terminale
ha alimentato il mio desiderio di scrivere questo libro;
egli era nella mia mente e nel mio cuore
in ogni istante mentre scrivevo;
e spero di essere la postulatrice della sua causa
di canonizzazione.

PREFAZIONE

Erano anni che attendevo un libro come questo. Come psicologa e religiosa consacrata, vengo spinta a riflettere e addolorata dal numero di persone adulte segnate dall'ombra delle molestie sessuali. La mancata tutela dell'innocenza si ripercuote sulla vittima per tutta la vita. Per quanto ne so, la vittima di abusi sessuali spesso lotta, anche da adulta, per vincere le tentazioni incessanti all'autocondanna. Nelle pagine che seguono, i lettori troveranno un'alternativa all'odio di se stessi: troveranno una speranza e un motivo di gioia. *Vi do la mia pace* è un'opera ispirata, che fornisce una mappa verso la guarigione integrata della mente, del corpo, delle emozioni e dell'anima di coloro che hanno patito gli effetti dilanianti dell'abuso sessuale, direttamente o indirettamente.

Nel ruolo di gentile e affabile padrona di casa, Dawn Eden condivide liberamente le sue storie e quelle dei propri amici nell'introdurci a santi noti e meno noti, costantemente intrecciando da cima a fondo la propria storia personale. Potreste essere colpiti e sollevati nello scoprire che tra coloro che la Chiesa ci assicura essere più vicini al Cuore di Gesù vi sono adulti feriti e risanati; adulti le cui ferite sono diventate la sorgente della grandezza del loro amore, poiché hanno aperto la porta a una trasformazione definitiva in Gesù Cristo; santi che ora gioiscono nei termini impiegati nella liturgia orientale: «O felix culpa!». Essi hanno vissuto in prima persona l'esperienza della potenza dell'amore di Dio che cambia la vita e conoscono la verità delle parole di Gesù: «Ti basta la mia grazia; la mia potenza infatti si manifesta pienamente nella debolezza».

L'itinerario di lettura attraverso queste pagine mi ha ricordato la poesiola che riprende un'immagine affascinante della discesa di Gesù tra i morti, il primo Sabato Santo. Il nostro Signore vittorioso viene accolto dai patriarchi e dai profeti, da Adamo ed Eva e da tutti coloro che sono morti segnati dalle ferite della Sua Passione. Quelle stesse ferite sono «cinque stelle cremisi». Permettetemi di condividerne alcuni versi:

> Ed eccolo,
> splendido come il sole mattutino e bello
> come soltanto Dio è bello.
> Ed essi, confusi dalla gioia,
> si inginocchiarono adoranti
> vedendo che indossava cinque stelle cremisi
> che Egli mai aveva avuto prima[1].

Tale immagine coglie qualcosa della bellezza della guarigione che viene promessa a ciascuno di noi in Cristo Gesù. Proprio così, ci viene promessa la guarigione, ma potrebbe sorprenderci scoprire che il dono dell'integrità passerà nelle nostre ferite e attraverso di esse.

[1] Suor M. Ada, «Limbo», in F.J. Sheed (ed.), *The Mary Book*, Sheed & Ward, New York 1950, pp. 181-183.

Naturalmente ciò non dovrebbe sorprenderci affatto, giacché la via che conduce alla grandezza per tutti i cristiani è quella dell'imitazione del nostro Signore e Salvatore, Gesù Cristo. Il fatto che «dalle sue piaghe siamo stati guariti» costituisce il segno distintivo della spiritualità cristiana. Rappresenta altresì uno dei motivi che abbracciano questo libro commovente e colmo di speranza.

Dawn Eden rivela tale verità spiegando che, nello sperimentare l'amore di Dio, si viene liberati al fine di amare profondamente e rettamente se stessi e poi gli altri. La mia speranza è che questo libro possa diventare una risorsa di immediata disponibilità nelle chiese e nelle scuole, presso i consultori e i servizi della pastorale giovanile, nelle biblioteche e negli ospedali. Per suo tramite, molte persone la cui dignità è stata offesa possano arrivare a conoscere la propria bellezza agli occhi di Dio e imparare a inneggiare gioiosamente al Suo amore e alla Sua misericordia. Prego che questo libro sia anche uno strumento di grazia e di conoscenza.

Madre Agnes Mary, *sv.*
Sorelle della Vita

INTRODUZIONE

È da molto tempo che questo libro mi sta a cuore. Nasce dal desiderio di portare la gioia della comunione a quanti sentono di vivere nell'isolamento spirituale derivante dall'abuso sessuale infantile.

Attraverso la comunione che io ho scoperto, che è la Comunione dei Santi, il mio spirito è stato trasformato e continua a esserlo – sperimentando guarigione, forza e conforto al di là di ogni possibile previsione. Prego che le storie delle sofferenze personali e dei trionfi dei santi e delle sante che seguono vi guidino alla medesima esperienza di gioiosa trasformazione in Cristo.

Ma forse vi state chiedendo che cosa possano mai avere a che fare i santi con la guarigione dalle ferite dell'infanzia, specialmente quelle ferite che fanno più male e di cui si parla meno. Spiegare tale collegamento richiede che io rivisiti un periodo in cui non godevo di così tanta luce.

Mi ricordo ancora la prima volta in assoluto in cui lessi un versetto del Vangelo – forse perché vedevo qualcosa che veniva dall'"altra Bibbia" (la mia famiglia era ebrea), ma più probabilmente perché mi commosse fino alle lacrime.

Il versetto compariva alla fine della fiaba di Hans Christian Andersen *La regina delle nevi*, dopo che l'amore innocente di Gerda salva Kay dall'abbraccio glaciale della Regina delle Nevi. Il ragazzo e la ragazza tornano a casa della nonna, proprio mentre la nonna sta leggendo le parole di Gesù in Matteo 18,3: «*se* non vi convertirete e *non diventerete come* i *bambini*, non entrerete nel regno dei cieli».

La lettura di quelle parole mi colmò di un inesprimibile senso di smania, mescolato a un senso di perdita. Volevo con tutto il cuore essere una bambina innocente e gioiosa. Invece, mi sentivo come se la mia infanzia fosse già svanita nell'aria più rarefatta. Era svanita ancora prima che mi accorgessi della sua esistenza.

Continuavo a fissare la pagina, ma il mio sguardo era perso mentre ero assorta nei pensieri. La mia gola si contrasse e gli occhi si gonfiarono di lacrime calde. Come poteva essere? Eccomi in quelle circostanze, a piangere inconsolabilmente per la mia infanzia perduta – e avevo soltanto sette anni.

Ora lo so. Gli occhi mi si riempirono di lacrime perché, sebbene fossi in tenera età, avevo subito abusi sessuali. Inoltre, durante i due anni precedenti, da quando i miei genitori si erano separati e mia madre aveva ottenuto l'affidamento, ero vissuta in un ambiente che ora considererei "sessualmente poroso"[2]. Non ricordo alcun confine chiaro: non ero ben protetta dalla nudità degli adulti, dall'abuso di sostanze, dalle barzellette sporche, dai discorsi a sfondo sessuale e dalle bestemmie.

[2] Mia sorella, che ha cinque anni più di me, non era presente nei momenti in cui mi ricordo di essere stata molestata o esposta a comportamenti sessuali inappropriati.

Come molte vittime di abusi sessuali, mi identifico con le parole del messaggero in Giobbe 1,15: «Sono scampato io solo che ti racconto questo». Per quanto ne so io, non c'è nessun'altra persona ancora in vita che ammetta di aver assistito alle malvagità che mi sono state inflitte. Certamente, mia madre ricorda i fatti in modo molto diverso da come me li ricordi io. Quando le ho raccontato degli episodi di cui mi proponevo di parlare in questo libro, lei ne ha negati parecchi, compreso il fatto che la sua casa fosse un "ambiente sessualmente poroso" durante la mia infanzia[3].

Rimettendomi nella testa di quella bimbetta che amava le fiabe di Andersen, mi rendo conto che, per quanto affascinanti fossero quelle trame per la mia giovane fantasia, niente mi sembrava più meraviglioso – o più fuori dalla mia portata – dell'infanzia pura e senza complicazioni di Gerda e Kay, circondati dall'amore della loro nonna e da quello di Dio.

All'età di trentun anni, quando ricevetti il dono della fede, capivo ormai più chiaramente come le parole del Vangelo di Matteo si riferissero all'infanzia più in senso spirituale che letterale. Pochi anni dopo, quando la mia fede mi condusse a entrare nella Chiesa cattolica, scoprii che il *Catechismo* lega quest'infanzia spirituale con il «rinascere dall'alto» (Giovanni 3,7) – la nuova vita della grazia che ha inizio con il battesimo.

Venire a conoscenza del perenne sostegno fornito

[3] Mia madre esprime tuttavia il proprio dispiacere per i ricordi dolorosi che ho, e si è scusata per alcune circostanze, come l'aver permesso ai suoi compagni di stare nudi in mia presenza. «Non sono stata una madre perfetta», scrive oggi, «ma ho fatto il meglio che ho potuto».

dalla grazia nella vita morale fu incoraggiante, aiutandomi a essere paziente con me stessa, nel momento in cui cominciavo a vivere la sequela di Cristo da cristiana fedele. Col passare del tempo, comunque, la mia fiducia iniziale cominciò a sgretolarsi. Il mio maggiore desiderio era quello di ottenere la benedizione che Gesù promette ai «puri di cuore, perché vedranno Dio» (Mt 5,8). Tuttavia, anche quando stavo facendo il massimo che potessi per vivere in purezza, non riuscivo a *sentirmi* pura. Mi sentivo macchiata – a causa di quanto gli adulti mi avevano fatto o mi avevano proposto di fare, quando ero una bambina indifesa.

A livello intellettuale, sapevo che non c'era nulla di cui vergognarmi personalmente. Nessuna bambina è responsabile per quello che un adulto le fa o la induce a fare. Il peccato dell'abuso appartiene a chi abusa, non alle sue vittime. I bambini dipendono dagli adulti e devono fidarsi di loro per sopravvivere. È responsabilità degli adulti mostrare ai bambini ciò che è buono, ed è nella natura stessa del bambino prendere come davvero buono quello che gli adulti chiamano "buono". Non si può parlare di "consenso" in un rapporto tanto sbilanciato.

Quando cominciai a leggere qualcosa in più riguardo ai contenuti della fede cristiana, trovai che i Padri e i Dottori della Chiesa assumevano posizioni molto forti in difesa delle vittime di molestie sessuali. Sant'Agostino, scrivendo delle martiri vergini della Chiesa primitiva, si scagliava contro i pagani, i quali affermavano che le ragazze che erano state stuprate non erano più vergini. «Chi potrà pensare, con uno stesso atteggiamento di ragionevolezza, di perdere la castità, se, una volta preso e sottoposto a violenza il suo corpo, si manifesti e si sfoghi una passione non sua?»[4]

Per quanto comprendessi queste argomentazioni, e per quanto mi sforzassi, non ero in grado di interiorizzare la consapevolezza della mia innocenza rispetto a quello che mi era stato fatto. Invece, avvertivo come un segno nero sulla mia gioventù, una macchia di inchiostro nero. Più cercavo di nascondere quella sensazione reprimendo i vecchi ricordi, più il dolore, la perdita e la vergogna minacciavano di filtrare in ogni angolo della mia vita adulta.

Dopo aver fatto il mio ingresso nella Chiesa Cattolica nel 2006, il mio itinerario verso la guarigione cominciò veramente. Imparai una vecchia preghiera che mi aprì a una nuova comprensione dei meccanismi della grazia. Si intitola *Anima Christi* («Anima di Cristo») e inizia con queste parole:

> Anima di Cristo, santificami.
> Corpo di Cristo, salvami.
> Sangue di Cristo, inebriami.
> Acqua del costato di Cristo, lavami.
> Passione di Cristo, confortami.
> O buon Gesù, esaudiscimi.
> Dentro le tue piaghe nascondimi.
> Non permettere che io mi separi da te [...][5].

[4] Agostino (san), *La Città di Dio*, a cura di L. Alici, Bompiani, Milano 2011, p. 106.
[5] www.cattoliciromani.com/55-elenco-preghiere/19401-anima-di-cristo-anima-christi-italiano-e-latino.

Notate i cambiamenti di prospettiva della preghiera? Va dal chiedere a Cristo di dimorare in te, al chiedere che tu possa dimorare in lui. Inoltre, dove chiedi riparo in Cristo? Dentro le sue *piaghe*.

Finché non cominciai a riflettere su quella preghiera, la mia vita di fede era invischiata in una selva di domande: come posso credere nell'amore protettivo di Dio quando la mia stessa famiglia mancava di proteggermi? Come posso essere figlia di Dio quando non ho mai avuto una vera infanzia? Come posso essere pura quando non ho mai conosciuto la purezza?

Tali interrogativi sembravano pressanti e profondi, quando in realtà portavano ciascuno in un vicolo cieco, tenendomi legata nella solitudine dell'io. L'intenso simbolismo dell'*Anima Christi* mi ispirò a pormi domande che mi avrebbero portato fuori da quella prigione – domande quali: come può la Passione di Cristo rinforzarmi? Che cosa significa farlo vivere in me e per me vivere in lui? Eppure la domanda di gran lunga più importante che riflettere su quella preghiera mi ispirò fu questa: «Come possono le ferite di Cristo avvicinarmi a lui?». La risposta, che si sarebbe sviluppata nel corso degli anni successivi, avrebbe modificato il modo in cui concepivo le mie stesse ferite personali.

I discepoli si convinsero della Resurrezione soltanto dopo che Cristo mostrò loro le ferite alle mani, ai piedi e – per Tommaso l'incredulo – nel costato.

Nei dipinti che ritraggono Gesù risorto, il Sacro Cuore è spesso rappresentato in fiamme con raggi infuocati. Lo vediamo nel modo più notevole nell'immagine della Divina Misericordia, fondata sulla visione di santa Faustina Kowalska, in cui il cuore di Gesù sprigiona brillanti raggi di luce bianca e rossa. Io mi raffiguro le ferite di Gesù come appaiono in quelle immagini, irradianti grazia – una «fornace splendente» dell'amore divino, come recita una preghiera[6]. Mentre prego «Dentro le tue piaghe nascondimi», sto chiedendo di essere nascosta in quelle ferite, che sono ora glorificate. Desidero essere circondata e protetta dalle loro straripanti grazie, raffigurate come i raggi della guarigione che si estendono fino ai confini della Terra.

Nel tempo, mentre l'immagine della luce amorosa e misericordiosa che si irradia dalle ferite di Gesù approfondiva la sua presa sulla mia coscienza, cominciai a riesaminare i periodi nel mio passato in cui avevo dubitato della misericordia di Dio. Ciò a sua volta mi condusse a una conversazione con Dio che da lungo tempo rinviavo – in cui chiesi come potessi incarnare la sua misericordia verso quanti trovavo più difficile perdonare.

I cattolici appena battezzati provano un forte desiderio di leggere storie relative ai santi, e anch'io non facevo eccezione. Ma nell'addentrarmi nelle vite di coloro che avevano sofferto di più – i primi martiri cristiani – mi venne una brutta forma di TI: Troppe Informazioni. Le realistiche descrizioni della tortura da parte degli autori antichi superavano la mia capacità di sopportazione.

Il medesimo sconforto affiora quando leggo di persone che hanno patito abusi sessuali – anche quando so che le loro storie hanno un lieto fine. Anzi, dato che il lascito delle mie esperienze è il disturbo da stress post-traumatico, devo regolare con cautela il mio con-

[6] *Litanie del Sacro Cuore.* Si veda la Guida alla lettura, a p. 242 per il testo completo.

sumo dei media, poiché certi impulsi emotivi possono indurmi dei flashback degli abusi. La coscienza di questa condizione mi rende molto sensibile nei confronti di altri che allo stesso modo, sebbene desiderino sapere di non essere soli nella propria esperienza, non vogliono rivivere il loro trauma. Pertanto, mentre in questo libro condivido le storie del mio viaggio e di quelle dei santi, starò attenta a evitare di fornire dettagli oltre a quelli necessari a rendere le storie significative e reali.

Vi sono alcuni argomenti che non verranno condivisi qui, non perché manchino d'importanza, ma perché vanno oltre il mio campo di competenza. Per esempio, questo libro non è indirizzato a coloro che si trovino attualmente coinvolti in un rapporto sessuale segnato da abusi o abbiano bisogno di consigli su come portare in tribunale gli autori degli abusi stessi, per quanto alcune delle organizzazioni elencate tra le risorse in fondo al libro potrebbero tornare utili.

Inoltre, sebbene condivida il dolore dei miei compagni cattolici per quanti hanno tradito la sacralità del proprio ufficio sacerdotale, non mi concentrerò sullo scandalo degli abusi commessi da chierici [nella bibliografia in italiano fornita nella sezione Libri delle Risorse in fondo al volume si trova il riferimento alla Linea guida della Cei su questi abusi, nonché a un libro appena uscito dedicato alle vittime, *ndt*]. Con ciò non intendo in alcun modo sminuire le esperienze reali e devastanti di coloro che hanno sofferto tali abusi. Spero ferventemente che questo libro aiuterà loro e quelli che offrono loro il proprio ministero. Tuttavia, adotto qui una prospettiva più generale, fondata sulla mia esperienza personale, quale parte di un vasto gruppo di persone le cui esigenze non vengono al momento soddisfatte. Di gran lunga la categoria più ampia di coloro che perpetrano l'abuso sessuale infantile sono i membri della famiglia, che sono responsabili per una percentuale dei casi che va da un terzo alla metà. In successione, in ordine decrescente, vengono gli amici di famiglia, i vicini, i conoscenti e gli estranei; solo una piccola percentuale dei casi sono commessi da chierici. Dato il numero elevato di persone che denunciano di aver subito abusi sessuali durante l'infanzia – circa 1 su 4 per le donne, e 1 su 6 per gli uomini, secondo le cifre fornite dai Centri per la prevenzione e il controllo delle malattie –, tali ricordi dolorosi affliggono almeno una persona per panca in chiesa in ciascuna parrocchia[7]. Se siete tra tali vittime[8], desidero sappiate che non siete soli, che non siete dimenticati e che avete più amici in Paradiso di quanti vi rendiate conto.

Ammettere di essere stata fatta oggetto di abuso sessuale andava oltre le mie capacità mentre scrivevo il mio primo libro, *The Thrill of the Chaste* (Il brivido dei casti), pubblicato nel dicembre del 2006. L'argomento di quel libro – che riguarda il modo di imparare a vivere gioiosamente tenendo da parte il sesso fino al

[7] Si veda *Adverse Childhood Experiences (ACEs) Study: Data and Statistics*, www.cdc.gov/ace/prevalence.htm.

[8] Vi sono opinioni differenti sul fatto che sia meglio fare riferimento alle persone che hanno subito abusi come "vittime" o come "sopravvissuti". Alcuni preferiscono "sopravvissuti" perché ritengono il termine incoraggiante. Vi sono, comunque, esperti di traumi che ritengono che chiamare coloro che hanno patito abusi "sopravvissuti" possa complicare la guarigione, perché glissa su cosa è stato fatto a quelle persone – dopo tutto, sono sopravvissute. Chiamarle "vittime" convalida la loro esperienza e costringe la società a confrontarsi con il male che hanno patito. Io generalmente farò riferimento a loro come "vittime".

matrimonio – ha richiesto di condividere tantissimo del mio passato. Comunque, all'epoca non avevo parole sufficienti per descrivere quanto mi era stato fatto da bambina. I ricordi c'erano, certo, ma erano legati in un nodo confuso di emozioni.

Solo l'anno successivo un terapeuta mi convinse che dovevo scendere a patti con quella parte della mia vita, e considerare onestamente l'impatto che le esperienze passate avevano sui miei attuali rapporti con le persone più prossime. Per molti di coloro che hanno subito abusi in casa, riconoscere quello che hanno patito e avviare il processo di guarigione richiede di spezzare la loro dipendenza dalla persona che ha perpetrato l'abuso. Come ostaggi affetti dalla cosiddetta «sindrome di Stoccolma», simili vittime, non avendo nessun altro a cui rivolgersi, hanno sviluppato un attaccamento non sano a chi ha abusato di loro[9]. Sebbene la mia situazione fosse diversa per il fatto che coloro che abusarono di me non abitavano a casa mia, giunsi a capire che dovevo ugualmente spezzare la dipendenza emotiva dalla persona che più avevo sperato mi proteggesse: mia madre.

Una sera del luglio 2006, a cena con mia madre e il mio patrigno in un ristorante cinese, feci finalmente delle domande a mia madre. Grazie alla sincerità delle sue risposte, cominciò a prendere forma un'immagine più completa di quanto era avvenuto.

[9] B.A. Van der Kolk, «The Complexity of Adaptation to Trauma» [La complessità dell'adattamento al trauma], in Bessel A. Van der Kolk *et al.* (edd.), *Traumatic Stress: The Effects of Overwhelming Experience on Mind, Body and Society* [Stress traumatico. Gli effetti di esperienze travolgenti sulla mente, il corpo e la società], Guilford Press, New York 1996, paperback edition 2007, p. 200.

Le mie domande erano incentrate sul primo abuso che riuscivo a ricordare. Era diverso da altri eventi dannosi della mia infanzia per il fatto che successe fuori di casa, al tempio dove mia madre, che si era di recente separata da mio padre, portava mia sorella e me il venerdì sera per lo Shabbat (il Sabato ebraico). Da bambina di cinque anni, trovavo la funzione molto noiosa, per cui mia madre mi lasciava girare per la biblioteca del tempio finché non fosse finita. L'unica altra persona presente era Al, il portinaio del tempio, di settantatré anni.

Dopo almeno due Shabbat simili, forse di più, mi ricordo che il sabato pomeriggio camminavo con mia madre fuori dal condominio dove abitavamo e le dissi: «Al e io abbiamo un segreto, e non devo dirtelo».

Mia madre naturalmente insistette affinché glielo dicessi. Mi sentii nello stesso momento stupida e impaurita – stupida per aver aperto la mia boccaccia e impaurita di cosa avrebbe fatto la mamma quando l'avesse scoperto.

«Be'», cominciai, e qui devo fare una pausa mentre scrivo perché, anche se l'abuso ebbe luogo più di trentacinque anni fa, è ancora doloroso da descrivere. È doloroso non tanto per quello che Al mi fece, ma piuttosto a causa dell'imbarazzo e della vergogna che ricordo di aver avvertito alla reazione di mia madre, che la mia giovane mente interpretò essere colma di delusione e di rabbia.

«Al mi fa fare un gioco con lui», dissi. «Lui succhia la mia lingua, e poi mi fa succhiare la sua lingua».

Mamma si girò bruscamente verso di me: «Cos'altro fa?», chiese con veemenza.

«Ehm...», ora sono proprio finita, pensai. «Mette la mano sulla mia gamba, sulla mia coscia».

Ricordo che la risposta di mamma arrivò a voce alta e di scatto. Era andata a scuola di recitazione, e la sua voce era travolgente quando la adoperava in tutta la sua potenza. «Ti *palpeggia*?», esclamò.

Quell'espressione era nuova alla mia giovane mente. «Immagino, immagino di sì».

«Come hai potuto lasciarglielo fare?»

«Non intendevo farlo! È stata una sua idea».

Mentre persisteva nell'interrogatorio, la vergogna montava come un'onda che si frange. «Non lo sapevo», sputai. «Intendo dire, lo sapevo, ma...»

«Se sapevi che era sbagliato, come hai potuto lasciare che accadesse?»

Non riuscivo a dare una risposta accettabile. Rispondere a una simile domanda a qualsiasi età è difficile ed è impossibile quando vai solo in prima elementare.

La storia non era ancora finita; nulla di piacevole. Mia madre portò la cosa all'attenzione del rabbino – il capo di AI. Il rabbino interrogò AI, il quale negò tutto. Dopo aver avvertito che, agli occhi di mia madre, ero una ragazzina che «lasciava» che un vecchietto facesse lo sporcaccione con lei, ora ero, agli occhi del rabbino, una bugiarda[10]. Non volendo proferire verbo sull'episodio a mio padre – per paura che anche lui suggerisse

[10] Bisogna tuttavia riconoscere l'influenza dell'epoca sulle reazioni di mia madre e del rabbino. La pedofilia era assai meno capita nei primi anni Settanta di quanto non lo sia oggi, e si faceva poco per fermarla o per prevenirla. Nel 2006, dopo che chiesi a mia madre che cosa ricordasse dell'episodio, lei scrisse al rabbino per chiedergli altrettanto. Questi rispose con grande rammarico: «Ritengo che né io né tu sapessimo come gestire questa situazione a metà degli anni Settanta e non credo che l'avremmo gestita molto diversamente se l'avessimo affrontata oggi».

che era colpa mia –, lasciai a mia madre l'incombenza di dirglielo.

Riuscivo a ricordare tutti quei particolari senza alcun aiuto mentre cenavo con mia madre quella sera nel 2006, più di trent'anni dopo. Quello che volevo sapere da lei era il motivo per cui non disse nulla a mio padre. Su suggerimento del mio terapeuta, avevo da poco tentato di discuterne con papà e rimasi sorpresa quando insistette che non gli era mai stato detto.

Mi ricordo che la risposta di mia madre fu semplice e disarmante quanto diretta: «Non gli dissi niente, perché avrebbe influito sull'affidamento».

Naturalmente. All'epoca in cui fui molestata, i miei genitori non avevano ancora divorziato, e c'era ancora una possibilità che mio padre contestasse la richiesta di affidamento esclusivo di mia sorella e me da parte di mia madre.

Il commento riguardo all'affidamento mi fece sottilmente capire che per lei era più importante che io fossi "sua", più che fossi al sicuro. Si ostinò a dire che non la intendeva così, ma, per me, fu una rivelazione: per la prima volta fui in grado di capire perché fosse così difficile scoprire la mia identità personale separata da lei. I bambini scoprono la propria identità attraverso l'appartenenza. Nello sperimentare l'amore e la sicurezza dell'appartenenza alla propria famiglia, imparano che essi e la loro famiglia appartengono a Dio. Tale appartenenza si dispiega seguendo un ordine gerarchico – i genitori proteggono i figli e i figli obbediscono ai genitori –; tuttavia, l'eguaglianza esistente risiede nel fatto che l'appartenenza è fondata sul dono reciproco. I membri di una famiglia appartengono gli uni agli altri.

Persino Dio ci appartiene in questo modo, come recita il Cantico dei Cantici: «Io sono per il mio diletto e il mio diletto è per me» (6,3).

È tramite la nostra appartenenza che comprendiamo come siamo legati gli uni con gli altri, ed è tramite tali legami che comprendiamo la nostra individualità. Io sono la figlia di mia madre, perciò non sono mia madre; io sono una persona a sé stante.

Come figlia a casa di mia madre, non ho sperimentato questa vera appartenenza. Nel guardare indietro dalla mia prospettiva di oggi, l'unica appartenenza che io riesca a ricordare era l'esperienza di appartenere a mia madre sotto forma di *possesso*. Non stupisce, dunque, che sia cresciuta senza sapere chi fossi. Non capendo che cosa significasse appartenere a una famiglia, non riuscivo ancora a capire che cosa significasse appartenere a Dio.

Uno dei versetti più belli e misteriosi della Bibbia contiene le parole rivolte da Dio a Paolo, dopo che il santo ha pregato il Signore di guarirlo da qualcosa che gli stava procurando dolore: «Ti basta la mia grazia: la mia potenza infatti si manifesta pienamente nella debolezza» (Seconda Lettera ai Corinzi, 12,9). Quella medesima potenza è ciò che vediamo quando contempliamo il Signore risorto, quando la ferita che ha subito al suo Sacro Cuore diviene fonte di vita. Se accettiamo la grazia sovrabbondante che ci offre, le ferite che abbiamo ricevuto nella nostra debolezza danno testimonianza alla forza che riceviamo da Colui che ha vinto la morte.

Le persone più deboli sono spesso quelle che proiettano una falsa facciata di impenetrabilità. Vivono nel timore che le loro imperfezioni verranno scoperte, come dèi di ferro con piedi di argilla. Lo vedo ora in mia madre, che ha lavorato come una disperata per mantenere l'immagine identitaria di "mamma perfetta". Persino adesso, mi pare, la sua resistenza ai miei racconti di abusi – il peggiore dei quali ricordo essere stato perpetrato in sua presenza da uno dei suoi fidanzati – è alimentata dalla paura di essere vulnerabile.

Nel tempo sono giunta alla consapevolezza che era tutto quello che potesse fare per ammettere che gli eventi dannosi fossero accaduti – cosa che, bisogna riconoscerglielo, ha fatto. Non era giusto da parte mia aspettarmi che lei mi fornisse la protezione emotiva che cercavo, perché non era forte abbastanza. Anche lei era ferita, ma sospetto pensasse che l'unico modo per poter sopravvivere fosse negare di avere alcuna incrinatura nella sua armatura. Devo averne compassione, perché anch'io qualche volta sono così.

Una risposta comune al dolore consiste nell'innalzare muri emotivi e nascondersi. La prima cosa che faccio quando avverto che sta per arrivare un flashback è precipitarmi in un posto in cui nessuno mi possa veder piangere. Ma le volte in cui sono più vicina a essere pienamente me stessa sono, paradossalmente, quelle in cui riesco ad ammettere, come il cantautore Leonard Cohen, che «c'è una crepa, in tutto c'è una crepa; è così che entra la luce».

Ecco dove i santi hanno qualcosa da mostrarci. Tendiamo a pensare ai santi in Paradiso come a esseri perfetti, quali effettivamente sono, ma se ne dovrebbe dare una descrizione più precisa dicendo che sono stati *perfezionati*. Analogamente, pensiamo ai santi come a esseri puri, ma sarebbe più esatto dire che sono stati *purificati.* Il profeta Malachia parlava di questa purificazione quando descriveva il Messia come «il fuoco del fonditore», aggiungendo che «purificherà i figli di Levi, li affinerà come oro e argento, perché possano offrire al Signore un'oblazione secondo giustizia» (3,2-3).

Ma non sono soltanto «i figli di Levi» – ovverosia coloro che sono chiamati a doveri religiosi ufficiali – a offrire oblazioni al Signore. Siamo io e voi e tutti quanti, nella misura in cui io ho ricevuto l'anima in dono da Dio e un giorno sarò chiamata a restituire tutto ciò che sono a Dio stesso. I santi sono coloro che, nel corso della propria vita, hanno permesso a Dio di perfezionarli e purificarli, affinché potessero restituire un dono ancor più bello di quello che essi stessi per primi avevano ricevuto.

Il linguaggio della "purificazione" non si applica a Maria, che era pura dal suo concepimento. Ciò che siamo in grado di dire è che, dal suo "sì" al momento dell'Annunciazione fino alla fine della sua vita terrena, si lasciò progressivamente plasmare per diventare sempre più simile al proprio Figlio. Subì la sua configurazione spirituale allo stesso modo in cui i santi sono conformati all'immagine di Cristo – tramite il dono di sé completato dalla sofferenza. In tale oblazione, come ha scritto Fulton J. Sheen, «le scorie del dolore [vengono] trasmutate nell'oro del sacrificio dall'alchimia dell'amore»[11].

Come suo Figlio, Maria aveva un cuore ferito – soltanto che la sua ferita era di quel tipo che non si vede (Luca 2,35). Invece di lasciare che la sua ferita si rimarginasse, rispose aprendo il suo cuore per essere la

[11] F.J. Sheen, *The Eternal Galilean* [L'eterno galileo], Garden City Books, Garden City, NY 1950, p. 216.

Madre della Chiesa intera. Sulla Medaglia Miracolosa la vediamo nel modo in cui apparve a santa Caterina Labouré, con le mani aperte pronte a far piovere delle grazie su tutti coloro che le richiedano. Lei, la cui anima era immacolata, lasciò che il suo cuore sopportasse la piaga dalla quale entrò la luce.

Ciò che mi hanno insegnato, e mi insegnano ancora, i santi è quello che voglio condividere con voi in questo libro. La considero una grande verità nascosta, sebbene non si tratti di un sapere esclusivo o speciale. Né è davvero nascosta, pur non essendo in bella vista; si dispiega per tutta la Bibbia (specialmente nelle lettere di Paolo), come pure nel *Catechismo*. Sembra soltanto nascosta, perché è così bella che, una volta che si comincia a rendersi conto della sua importanza, si vuole rivelarla al mondo intero. Ogni sofferenza contiene in sé l'opportunità di diventare più simili a Colui che soffrì sulla Croce.

Indipendentemente da quale sia il male che ci è stato inflitto, se noi, come i santi, offriamo i nostri cuori a Dio, egli ci accetterà come siamo, con tutte le nostre esperienze passate. Il vostro cuore in questo preciso momento contiene tutta la materia prima di cui Dio ha bisogno per modellarlo affinché, tramite la grazia operante nel corso del tempo, possa diventare come il suo. Questo è vero indipendentemente da quanto vi possiate sentire offesi. Purché i nostri cuori desiderino ardentemente l'unione con il Sacro Cuore di Gesù, le nostre sensazioni riguardo a noi stessi non impediranno tale unione, poiché l'amore di Dio è più forte delle sensazioni. È una *presenza*.

Questa presenza amorevole è ciò di cui i santi ora godono, e quello che vogliono donarci, tramite il loro esempio e le loro preghiere. Le loro biografie – come soffrirono, nonché come emersero dalle proprie sofferenze accedendo a una santità maggiore – mostrano che Dio non solo desidera guarire le nostre ferite: se glielo permettiamo, ci guarirà *tramite* le nostre ferite, rendendo tutto quello che abbiamo patito funzionale ad avvicinarci di più a lui nell'amore.

Quando cominciai a studiare i santi, non rimasi sorpresa che tra coloro che la Chiesa ha formalmente dichiarato essere in Paradiso ci fossero persone che subirono abusi sessuali da giovani. Le biografie dei primi martiri sono abbastanza familiari; così pure quella di Maria Goretti, che fu pugnalata a morte mentre resisteva a un assalto sessuale. Quello che mi sorprese fu semplicemente il numero di santi che avevano subito tali abusi – erano più di quanti avessi immaginato – e quanto le loro storie fossero attuali. Negli Stati Uniti del XXI secolo i bambini possono non sapere come sia essere alla mercé di un imperatore pagano, ma molti sanno com'è essere alla mercé dell'amante e convivente violento e alcolizzato della propria madre, come lo era la beata Laura Vicuña. Non sono gettati in pasto ai leoni, ma molti si trovano in un ambiente casalingo sessualmente invasivo, come capitò a san Tommaso d'Aquino. Possono non conoscere la ruota della tortura, ma molti hanno il cuore spezzato, come la beata Margherita di Città di Castello, abbandonata dai genitori perché era cieca e deforme.

Un'altra sorpresa fu scoprire quanto i santi fossero umani nelle loro reazioni agli abusi. Non erano tutti dolcezza e luce. Ho provato un piacere colpevole quando ho letto come il giovane Bernardino da Siena reagì quando un ricco signore gli fece delle avances mentre stava giocando in un campo con i suoi compagni di scuola. Secondo un biografo antico, il piccolo santo in erba aggredì l'uomo. (Mentre potrà probabilmente essere stato del tutto giustificato nel farlo, forse questo è il momento adatto per ricordare il vecchio detto – citato spesso da Dorothy Day – secondo cui si potrebbe andare all'inferno imitando le imperfezioni dei santi.)

Durante le ricerche condotte per questo libro, ho imparato anche, attraverso una conversazione con un giudice istruttore della Congregazione delle Cause dei Santi del Vaticano, che la dottrina agostiniana sulle vergini martiri rimane quella della Chiesa. Una vergine stuprata prima di essere martirizzata è tuttora considerata una martire della castità. Anzi, il funzionario mi ha detto che c'è una martire della castità del XX secolo, una ragazza adolescente beatificata da papa Giovanni Paolo II, la cui integrità fisica non poté essere accertata con sicurezza dopo il martirio, a causa dello stato di decomposizione del suo corpo.

Quando il funzionario mi ha detto il nome della ragazza, sono rimasta scioccata, perché i resoconti popolari del suo martirio asseriscono che non fu violata – sottintendendo che, se fosse stata violata, non sarebbe una santa. Lui, comunque, essendo ben informato sui fatti del caso, ha insistito che la ragazza in questione – una vergine che conduceva un'esistenza votata alla santità – è stata dichiarata martire della castità puramente in base a indizi che ella *resistette* allo stupro. Che lo stupro sia stato portato a compimento o meno è qualcosa che non sapremo mai. Il capitolo 8 rivela l'identità di questa santa, un'autentica patrona per le vittime di abusi sessuali infantili.

Dopo la conversazione con Dio che ho menzionato, quella in cui gli chiesi come incarnare la sua misericordia nei confronti di quanti trovavo più difficile perdonare, ho scoperto che ho continuato molte altre volte questa stessa conversazione. Infatti, questo processo di perdono continua, e non sto interrogando soltanto Dio faccia a faccia. Sto cercando anche la sua guida attraverso i suoi santi – quelli che conoscerete nel libro – e ascoltando le risposte che essi danno attraverso gli esempi delle loro vite.

Papa Benedetto XVI osserva che l'uomo ha bisogno di essere salvato dal dolore e dall'amarezza che gli fanno abbandonare Dio. Perché tale liberazione si realizzi, «serve dunque una trasformazione dall'interno, un qualche appiglio di bene, un inizio da cui partire per tramutare il male in bene, l'odio in amore, la vendetta in perdono»[12].

Vi invito a unirvi a me nello scoprire questo "appiglio" attraverso le biografie di persone sante che, avendo sperimentato alcuni dei dolori più grandi che il mondo potesse offrire, sono tuttavia state in grado di volgere gli occhi al cielo ed essere salvate.

[12] Benedetto XVI, Udienza Generale, 18 maggio 2011, w2.vatican.va/content/benedict-xvi/it/audiences/2011/documents/hf_ben-xvi_aud_20110518.html#.

1

L'AMORE CHE DIMENTICHIAMO

Scoprire il Padre – con sant'Ignazio di Loyola e santa Giuseppina Bakhita

Il piccolo Kay era livido per il freddo, anzi quasi nero, ma non se ne accorgeva perché lei gli aveva tolto il brivido freddo con un bacio, e ormai il suo cuore era un blocco di ghiaccio. Trascinava dei pezzi di ghiaccio taglienti e piatti, che sistemava in tutti i modi possibili perché voleva ricavarne qualcosa: come quando abbiamo dei pezzetti di legno e li disponiamo a comporre figure chiamate il gioco cinese. Anche Kay formava delle figure, le più complicate, era il gioco di ghiaccio dell'intelletto; ai suoi occhi le figure erano ottime e della massima importanza; era colpa del granello di ghiaccio che aveva nell'occhio. Componeva intere figure che formavano una scritta, ma non riusciva mai a formare proprio la parola che desiderava: «eternità».

Hans Christian Andersen, *La regina delle nevi*[1]

Quando sant'Ignazio di Loyola visse una drammatica conversione spirituale nel 1521 all'età di trent'an-

[1] Traduzione italiana in Hans Christian Andersen, *Fiabe e storie*, edizione integrale tradotta e curata da B. Berni, introduzione di V. Cerami, Donzelli, Roma 2001, p. 245 [*ndt*].

ni, c'erano tante cose nel suo passato che gli sarebbe piaciuto dimenticare. Sua madre era morta quando era appena neonato, e ben presto suo padre lo mandò via dalla famiglia per essere cresciuto da una nutrice. Sebbene crescendo si sia sentito a casa nella famiglia di quest'ultima, è probabile che il santo abbia pagato lo scotto della perdita e dello sconvolgimento subiti in così tenera età.

Ciò che sappiamo con certezza è che Ignazio sopportò profondi dispiaceri per le cose che si era autoinflitto. Più tardi avrebbe detto che, prima di essere risvegliato all'amore di Cristo, era «dedito alle vanità del mondo e si dilettava soprattutto nell'esercizio delle armi con grande e vano desiderio di acquistarsi onore»[2]. Abbiamo anche i resoconti dei suoi amici su quanto fosse «spericolato» con giochi, donne e risse.

Anni dopo, sant'Ignazio scrisse i suoi *Esercizi Spirituali*, che nei secoli avrebbero aiutato milioni di persone a scoprire la chiamata di Dio nella propria vita. Verso la fine del regime delle meditazioni, egli inserì una preghiera per chiedere la carità perfetta – la virtù che ci unisce pienamente nell'amore a Dio e gli uni agli altri. Nella prima riga di questa preghiera, nota come *Suscipe* (dalla prima parola del testo latino), troviamo un importante indizio circa la natura dell'itinerario spirituale personale di Ignazio stesso:

> Prendi e ricevi, o Signore, tutta la mia libertà,
> la mia memoria, la mia intelligenza,
> e tutta la mia volontà.

[2] Ignazio di Loyola (san), *Il racconto del pellegrino. Autobiografia di sant'Ignazio di Loyola*, Adelphi, Milano 1966, p. 19.

Tutto quello che ho e possiedo me l'hai donato Tu.
A Te, Signore, io lo rendo.
Tutto è tuo.
Tu puoi disporne secondo la Tua piena volontà.
Accordami il Tuo amore, la Tua grazia.
Sono abbastanza per me[3].

La prima cosa che Ignazio offre a Dio è la sua libertà. Desiderando vivere per Dio invece che per se stesso, Ignazio rinuncia alla propria libertà di agire, così da poter dire insieme con san Paolo: «Sono stato crocifisso con Cristo e non sono più io che vivo, ma Cristo vive in me» (Lettera ai Galati 2,20).

Poi viene l'aspetto della preghiera del *Suscipe* che è forse il più stupefacente. Avendo dato la propria libertà, Ignazio cerca di dare a Dio la sua mente e il suo cuore. Qual è la prima porzione dell'io che offre? È la sua *memoria*.

Nella visione ignaziana della mente umana, il concetto di memoria si riferisce a qualcosa di più dei semplici ricordi particolari. La memoria abbraccia tutto quanto fosse entrato nella sua coscienza per renderlo ciò che era – che lo ricordasse o meno. Essa forma il fondamento della sua identità presente, comprese le sue speranze per il futuro.

Si tratta di una modalità antica di concepire la memoria, risalente almeno a sant'Agostino, e ha particolarmente senso per chi è sopravvissuto a un trauma – come Ignazio, ferito ai tempi in cui era soldato. Spesso nei sopravvissuti a un trauma (e questo vale indipendentemente dal fatto che il trauma sia o meno l'esito di

[3] www.preg.audio/p/56e93bb5020686244c74c443.

abusi sessuali o di combattimenti militari) il cervello tenta di proteggersi relegando spiragli dolorosi del passato in zone dove i viticci della memoria non possono raggiungerli. Tuttavia i ricordi di eventi traumatici, che ci siano o meno presenti, restano parte di noi.

Ecco perché c'è qualcosa di bellissimo nell'offerta ignaziana della sua memoria a Dio. Il santo riconosce che ci sono cose che non possono cambiare – gli eventi del suo passato – e allo stesso tempo mostra la coraggiosa speranza che il suo Creatore l'accetterà *com'*è ora, con tutto quello che ha fatto e che gli è stato fatto. Il vero abbandono alla divina provvidenza è così: sta nell'accettazione gioiosa nella propria vita della verità incorporata nell'antico proverbio: «Dio scrive dritto anche sulle righe storte degli uomini».

I padri del Concilio Vaticano II, scrivendo della Passione di Cristo, affermarono che «perciò dobbiamo ritenere che lo Spirito Santo dia a tutti la possibilità di venire associati, nel modo che Dio conosce, al mistero pasquale»[4]. Nella propria vita Ignazio scoprì che lo Spirito Santo era capace di usare tutte le esperienze che gli avevano dato forma (tutti i traumi da lui patiti, come pure gli errori commessi strada facendo) per condurlo all'amore di Cristo.

Papa Giovanni Paolo II un giorno rifletteva: «Non di rado mi sono soffermato a guardare le lunghe file di pellegrini in paziente attesa di varcare la Porta Santa. In ciascuno di essi cercavo di immaginare una storia di vita, fatta di gioie, ansie, dolori; una storia incontrata

[4] Concilio Vaticano II, *Gaudium et spes*, 22, www.vatican.va/archive/hist_councils/ii_vatican_council/documents/vat-ii_const_19651207_gaudium-et-spes_it.html.

da Cristo, e che nel dialogo con lui riprendeva il suo cammino di speranza»[5].

Questo "cammino di speranza" fu il cammino di Ignazio, che era soprannominato "il Pellegrino", e diventa il nostro nel pregare il suo *Suscipe*. Nel dialogo con il Risorto, intraprendiamo un cammino di speranza, credendo per fede con san Paolo che, essendo stati crocifissi con Cristo, «Questa vita che vivo nella carne io la vivo nella fede del Figlio di Dio, che mi ha amato e ha dato se stesso per me» (Lettera ai Galati 2,20).

La memoria non deve, né dovrebbe, necessariamente esserci nemica. Piuttosto, come ha scritto papa Benedetto XVI, «Ricordo e speranza sono legati indissolubilmente. Chi annulla il passato non crea speranza, anzi ne distrugge le basi spirituali»[6].

In ogni infanzia, persino la più travagliata, vi sono momenti di gioia, per quanto fugaci – la gioia della meraviglia. Una santa africana non dimenticò mai il senso di incredulità che sperimentò da bambina: «Vedendo il sole, la luna e le stelle, dicevo tra me: "Chi è mai il Padrone di queste belle cose?" E provavo una voglia grande di vederlo, di conoscerlo e di prestargli omaggio»[7].

È una notevole dimostrazione della grazia ricevuta il fatto che questa santa riuscisse a ricordare quel momento di meraviglia tanti anni più tardi. Non molto

[5] Giovanni Paolo II, *Novo millennio ineunte*, 8, w2.vatican.va/content/john-paul-ii/it/apost_letters/2001/documents/hf_jp-ii_apl_20010106_novo-millennio-ineunte.html.

[6] Benedetto XVI, *Cercate le cose di lassù. Riflessioni per tutto l'anno*, Libreria Editrice Vaticana, Città del Vaticano 2011, p. 8.

[7] Giuseppina Bakhita, www.vatican.va/news_services/liturgy/saints/ns_lit_doc_20001001_giuseppina-bakhita_it.html.

dopo averla sperimentata, fu traumatizzata tanto profondamente da dimenticarsi il proprio nome.

Cominciai a interessarmi alla vita di santa Giuseppina Bakhita, la prima santa canonizzata a nascere in Sudan, dopo che papa Benedetto la encomiò come «una santa del nostro tempo» che ci può aiutare a capire cosa significhi avere un vero incontro con Dio per la prima volta[8]. Leggendo la sua storia, sono stato colpito da quanti aspetti dell'esperienza della santa siano familiari alle vittime di abusi sessuali nell'America dell'epoca moderna così come lo erano agli schiavi nell'Africa del XIX secolo.

La ragazza che avrebbe raggiunto la notorietà come Bakhita nacque intorno al 1869 (non fu mai sicura della data). Per molti dei primi anni della sua vita, godette della sicurezza di una grande famiglia amorevole. Aveva tre sorelle, compresa una gemella, e tre fratelli; suo padre era un proprietario terriero e suo zio era il capo del villaggio dove vivevano. Come avrebbe ricordato anni dopo, era «pienamente felice, senza sapere cosa fosse il dolore»[9].

Tutto ciò cambiò quando i predoni di schiavi cominciarono a fare incursioni nella zona dove abitava la famiglia, un villaggio nella regione del Darfur. Una mattina Bakhita, che allora aveva sette anni, era fuori a raccogliere erbe con un'amica adolescente quando «ad un tratto vediamo sbucare da una siepe due brutti stranieri armati»[10]. I due criminali dissero all'amica di andar via. Non appena scomparsa la ragazza, afferrarono

[8] Benedetto XVI, *Spe salvi*, 3.

[9] G. Bakhita, *Il cuore ci martellava nel petto. Il diario di una schiava divenuta santa*, San Paolo, Cinisello Balsamo, Milano 2004, p. 17.

[10] *Ivi*, p. 19.

Bakhita – uno puntandole un coltello al fianco, l'altro spingendola avanti con una pistola alla schiena.

Raccontando il proprio rapimento, Bakhita ha insistito sul fatto che aveva troppa paura per parlare: «Io rimasi impietrita dalla paura. Gli occhi spalancati e tremante da capo a piedi, faccio per gridare, ma un nodo alla gola me lo impedisce: non riesco né a parlare né a piangere»[11]. Uno dei rapitori le chiese il suo nome, ma non fu in grado di mettere insieme una risposta.

La storia di Bakhita riporta alla memoria i ricordi dei miei incubi. Come molti sopravvissuti ad abusi sessuali infantili (nonché altri che soffrono di disturbo da stress post-traumatico), ho sperimentato sogni terrificanti in cui rivivo sensazioni di impotenza. Nella vita reale, da bambina vittima di abusi, non potevo difendermi da sola e non avevo nessuno che parlasse per me. Nei sogni, rivivo tale esperienza quando, braccata dagli assalitori, tento di urlare e non sono in grado di emettere un suono. Bakhita soffrì davvero, in ogni senso, la mancanza di voce della vittima. E, come vedremo, gli incubi non le mancarono.

I rapitori ordinarono alla ragazzina terrorizzata di chiamarsi Bakhita, che significava «fortunata». Fu allora che, a causa della paura estrema e dello sconvolgimento patiti, dimenticò il nome datole dai suoi genitori. Bakhita subì effettivamente, in forma drammatica, un'esperienza che gli psicologi dicono essere comune a molte vittime di abuso sessuale infantile – la perdita dell'identità personale.

L'elaborazione di un senso dell'io si pensa sia uno dei compiti più precoci dello sviluppo dell'infante e del

[11] *Ivi.*

> bambino piccolo, che tipicamente si esplica nel contesto delle prime relazioni. Il modo in cui un bambino è trattato (o maltrattato) nei primi anni di vita influenza la crescita della sua autocoscienza. Di conseguenza, un grave maltrattamento infantile (compreso l'abuso sessuale precoce e continuato) può interferire con lo sviluppo di un senso dell'io da parte del bambino[12].

Quello che si intende qui per «senso dell'io» abbraccia la comprensione dei confini personali – dove finisce l'altra persona e dove cominci tu. L'abuso sessuale infantile costituisce una violazione della sfera personale del bambino. Al di là di tale intuizione, comunque, gli psicologi fanno fatica a spiegare cosa implichi una corretta identità personale. Il meglio che possono fare è spiegarla in senso negativo: l'individuo scopre se stesso scoprendo di non essere un'altra persona. Il problema legato a una definizione simile è che trascura la realtà dell'interconnessione umana.

Papa Giovanni Paolo II nella sua *Lettera alle famiglie* del 1994 propose un significato positivo dell'individualità personale, fondato sulla natura della famiglia quale «comunione di persone»[13]. I figli costituiscono un elemento chiave di questa concezione, poiché mostrano al mondo che la misura della dignità umana non è l'utilità relativa di una persona rispetto alle altre. Il neonato merita l'amore protettivo non per quello che fa, ma per quello che è – un dono di Dio. «Potrebbe forse qualificarsi diversamente

[12] J.N. Briere e D.M. Elliott, «Immediate and Long-Term Impacts of Child Sexual Abuse» [Impatti immediati e a lungo termine dell'abuso sessuale infantile], *The Future of Children* [Il futuro dei bambini], vol. 4, (1994) n. 2, Sexual Abuse of Children.
[13] Giovanni Paolo II, *Lettera alle famiglie*, 8.

questo essere fragile ed indifeso, in tutto dipendente dai suoi genitori e completamente affidato a loro?»[14]

Triste a dirlo, chi ne abusa *però* vede i bambini in un altro modo: non quali doni da valorizzare per amor loro, ma quali oggetti da usare. Giovanni Paolo II spese parole molto dure per tale mentalità: «La persona non può mai essere considerata un mezzo per raggiungere uno scopo; mai, soprattutto, un mezzo di "godimento"»[15]. L'uso è l'«antitesi dell'amore», nega «ciò che decide dell'intima identità di ogni uomo e di ogni donna. Tale identità consiste nella *capacità di vivere nella verità e nell'amore*; anzi, e ancor più, consiste nel bisogno di verità e di amore quale dimensione costitutiva della vita della persona»[16].

In questa luce si può vedere come l'abuso, che genera un'atmosfera di menzogna e di sfiducia, impedisca ai bambini di sviluppare la propria identità in un ambiente fatto di verità e di amore.

Nel corso dei sei anni successivi al rapimento, da quando aveva sette anni a quando ne aveva tredici, Bakhita venne comprata e venduta parecchie volte. Si può solo immaginare quanto fosse umiliante per questa ragazzina essere trattata da bene di consumo. Di volta in volta fu costretta a stare in piedi nuda davanti a potenziali padroni – estranei che, evitando accuratamente di guardarla negli occhi, allo stesso tempo la guardavano di sotto in su, la punzecchiavano e parlavano al suo padrone come se lei non ci fosse.

Nell'America di oggi, vi è un piccolo ma chiassoso

[14] *Ivi*, 11.
[15] *Ivi*, 12.
[16] *Ivi*, 14, 8.

gruppo di adulti che asseriscono che un ambiente nudista faccia bene ai bambini. Sostengono che per i bambini sia sano essere, come Adamo ed Eva prima della Caduta, «nudi senza vergogna». Io fui cresciuta in un ambiente simile; lo fu anche Molly Jong-Fast, la figlia dell'autrice femminista di bestseller Erica Jong. In *Girl [Maladjusted]* (*Ragazza [Disadattata]*), racconta che da ragazzina rimase traumatizzata da un'immagine pornografica esposta a casa sua[17]. Ciò che i difensori del nudismo sociale mancano di riconoscere è che, persino in culture in cui la nudità è la norma, la gente si vergogna comunque quando l'attenzione è focalizzata sui propri genitali. Questa vergogna non è del tipo negativo, che sorge dall'opinione errata che il corpo sia "volgare". Si tratta piuttosto, nelle parole di Karol Wojtyla (prima che diventasse papa Giovanni Paolo II), di «difesa naturale della persona, che la protegge contro il pericolo di abbassarsi o di essere abbassata al rango di oggetto di godimento sessuale»[18]. È naturale per gli esseri umani voler essere visti non come meri corpi, ma come persone. Se ciò è vero per gli adulti, persino nelle culture primitive, quanto più lo è per i bambini – che, come abbiamo visto, scoprono la propria identità tramite l'attestazione da parte dei genitori della loro entità personale. Bakhita sperimentò gli abissi della spersonalizzazione.

I padroni di Bakhita, nei suoi primi anni di schiavitù, furono tutti violenti, ma le peggiori furono la moglie e la figlia spietate di un generale turco. «In tre anni che

[17] M. Jong-Fast, *Girl [Maladjusted]. True stories from a semi-celebrity childhood*, Villard Books, New York 2006, p. 83.
[18] K. Wojtyla, *Amore e responsabilità*, Marietti, Genova 1978^2, p. 169.

stetti al loro servizio, non ricordo di aver passato un solo giorno senza piaghe; perché, non ancora guarita dai colpi ricevuti, altri me ne piombavano addosso senza sapere perché»[19].

Oltre alle percosse, era volontà della figlia del generale che i suoi schiavi portassero «tatuaggi» – non quelli fatti con l'inchiostro, ma disegni incisi nei loro corpi. I dettagli del «tatuaggio» – che, come avvenne con tutti i gravi traumi della sua giovane vita, Bakhita ricordava perfettamente – sono troppo strazianti per raccontarli qui. In breve, dall'età di undici anni circa, Bakhita portò 114 cicatrici derivanti dai soli «tatuaggi» – sei sul seno, sessanta sullo stomaco e quarantotto sul braccio destro.

La mutilazione che la giovane santa patì alle mammelle la pone certamente tra le vittime dell'abuso sessuale più violento. Allo stesso tempo, tutti i tagli subiti da Bakhita servono ad approfondire la sua affinità anche con coloro il cui abuso non è stato violento. Ho in mente i molti sopravvissuti che, più avanti nella vita, tentarono di lenire la propria sofferenza emotiva facendo del male a se stessi.

Gli psicologi hanno riscontrato che l'automutilazione, per esempio procurandosi tagli, «si verifica tra le vittime recenti o passate di abusi sessuali infantili»[20]. Coloro che fanno del male a se stessi cercano di «ridurre la tensione psichica associata con danni estremamente gravi, senso di colpa, spersonalizzazione intensa,

[19] Bakhita, *Il cuore ci martellava nel petto*, p. 27.

[20] Le citazioni in questo capoverso sono tratte da J.N. Briere e D.M. Elliott, *Immediate and Long-Term Impacts of Child Sexual Abuse*.

sensazioni di impotenza, e/o processi intellettivi dolorosamente frammentati – condizioni oltremodo comuni tra i sopravvissuti ad abusi sessuali gravi».

Questi erano i miei sentimenti intorno ai vent'anni e tra i venti e i trent'anni, quando sperimentavo spesso la tentazione di procurarmi tagli e raramente cedevo. Ricordo che volevo punire me stessa, volevo provare dolore fisico e, più di tutto, volevo semplicemente far cessare quei sentimenti che mi stavano divorando. Quei sentimenti interiori erano come un cancro. In qualche modo pensavo di poterli far uscire, anche a prezzo di un po' di dolore fisico, di potermi riposare un po' finché non mi travagliassero ancora.

Menziono questo in relazione a santa Giuseppina Bakhita perché esiste una lunga tradizione che proclama i santi patroni delle condizioni psicologiche o mediche non perché essi fossero affetti proprio da quelle problematiche, ma perché hanno vissuto esperienze *simili* a quelle. Infatti, san Massimiliano Kolbe, che non ha mai abusato di droghe nella sua vita, è considerato il santo patrono dei tossicodipendenti nei centri di recupero – perché i nazisti lo uccisero con un'iniezione letale. San Dionigi di Parigi è il patrono di chi soffre di emicrania, non perché l'abbia mai avuta, ma perché subì il mal di testa estremo – la decapitazione. Allo stesso modo, l'esperienza di mutilazione di santa Giuseppina Bakhita la pone in relazione fraterna con i soggetti toccati dall'autolesionismo da taglio, anche se i suoi tagli personali non se li era inflitti da sola. Dopotutto nessuno *vuole* davvero tagliarsi. Il desiderio di autolesionismo rappresenta una compulsione derivante dal dolore psichico estremo. È una specie di schiavitù dal di dentro.

Tuttavia, ciò che rende Bakhita la patrona di tutti coloro che hanno sofferto come lei non è il fatto che fosse una schiava, ma che sia stata *redenta*. Se la prima parte della sua vita fu un caso scuola di abusi e sofferenze, la sua vita adulta, come vedremo, è un caso scuola di guarigione e perdono.

Per essere efficace, l'itinerario di guarigione deve essere accompagnato da quella che i teologi della spiritualità chiamano una «purificazione della memoria». Non necessariamente deve includere il *replay* dei dettagli degli eventi traumatici; anzi, non dovrebbe, se il dolore di riportarli alla memoria risulta un peso troppo grande da sopportare. Tuttavia richiede la volontà di entrare nel passato così da poter sgarbugliare gli eventi traumatici da eventi che traumatici *non* erano. Quando facciamo questo, reclamiamo i tesori nascosti che ci spettano giustamente. Un tesoro nascosto del mio passato è la Pasqua ebraica.

Dopo il divorzio dei miei genitori, passarono parecchi anni della mia giovinezza durante i quali mia madre, pur continuando a essere socia del tempio ebraico, sondò alcuni movimenti New Age. Dal momento che la mamma mi portava spesso alle sue attività, la mia giovane mente assorbì alcuni messaggi inconciliabili tra di loro, se non proprio del tutto, almeno in parte. Al venerdì sera, al tempio ebraico, pregavamo lo *Shemà* – «Ascolta, Israele: il Signore è il nostro Dio, il Signore è uno solo» (Deuteronomio 6,4) – ma il martedì mattina presto, durante una lezione di kundalini yoga presso l'ashram locale, cantavamo dei mantra che invocavano il Guru Nanak.

Sebbene mi piacesse essere coinvolta da mia madre nelle sue esplorazioni spirituali – mi faceva sentire speciale e adulta –, qualcosa nel mio intimo desiderava stabilità. Avendo attraversato lo sconvolgimento del divorzio, volevo avere la sensazione che ci fosse qualcosa di buono e di vero nel mondo che durasse – un amore che non sarebbe svanito.

Ecco perché aveva tanta importanza per me che, ogni anno per tutta la mia gioventù, la nostra famiglia – mia madre, mia sorella e io – ospitasse o presenziasse al Seder pasquale, il pasto cerimoniale che commemora la liberazione divina degli israeliti dalla schiavitù d'Egitto. Io amavo le immagini, i suoni e i sapori della nostra tradizione pasquale. C'era lo speciale piatto con il bordo d'oro del Seder, un bellissimo dono nuziale che la mamma riuscì a tenere dopo il divorzio. C'erano i cibi che potevamo consumare soltanto nel periodo di Pasqua, come il *matzo* coperto di cioccolato (più buono da gustare che da dire), i maccheroni e lo *haroset*, una crostata corposa fatta con mele, cannella, nocciole e vino rosso dolce della Stella Rossa di David. C'era la coppa di Eliseo, il calice d'argento colmo di vino davanti a un posto a sedere vuoto, in attesa del momento del pasto in cui si diceva che lo spirito del profeta dell'Antico Testamento entrasse nella stanza. A noi bambini veniva detto che, se avessimo guardato attentamente la coppa quando Eliseo entrava, avremmo visto il livello del vino scendere come se Eliseo ne avesse bevuto un sorso.

Quello che però ricordo con maggior vivezza era come tutti i membri della famiglia e gli amici attorno al tavolo partecipassero alla lettura dell'*Haggadah*, l'antica liturgia che combinava la storia dell'Esodo con preghiere gioiose di ringraziamento a Dio per il dono della libertà.

C'era qualcosa di speciale nel sapere che gli ebrei

nel mondo intero quella notte stavano raccontando la medesima storia e recitando le stesse preghiere. Per una sera, le sensazioni di isolamento che mi braccavano da tutta la giovinezza erano scacciate da un senso di affiliazione e di comunità. Analogamente, avendo subito la spaccatura in due della mia famiglia, venivo confortata dal fatto di prendere parte a una tradizione che risaliva a migliaia di anni prima, ai giorni in cui Dio parlò a Mosè «faccia a faccia, come un uomo parla con un altro» (Esodo 33,11). La vita di tutti i giorni era piena di cambiamenti e sconvolgimenti; qui c'era continuità, ovvero il senso di appartenere a qualcosa che si estendeva a tutti i luoghi e a tutti i tempi.

Se qualcuno mi avesse chiesto di dipingere un'immagine di questa sensazione, avrei schizzato una lunga tavola del Seder con me e la mia famiglia seduti al centro. Seduti a sinistra della tavola sarebbero stati ebrei originari di Paesi alla nostra sinistra geografica, compreso il Giappone. (Sapevo dal *Registro degli elenchi* che vi erano effettivamente ebrei in Giappone – un migliaio, che a me sembrava una caterva.) Analogamente, avrei popolato l'altro capo del tavolo con ebrei provenienti dalla nostra destra geografica – dando a quello francese un cappellino e un pezzo di *matzo* a forma di baguette.

Poi mi sarebbe toccato rappresentare il senso della storia. Per cui, sopra la tavola, proprio in cima, avrei disegnato un fulmine che scolpiva i Dieci Comandamenti su tavole di pietra. Sotto ci sarebbe stato Mosè, con le braccia distese a ricevere la Legge. Sotto di lui, in forma di totem, ci sarebbero state persone che rappresentavano generazioni di ebrei, in ordine cronologico, dai profeti biblici ai rabbini medievali, alle contadine russe dell'Ottocento con il foulard. Intersecandosi con me seduta alla lunga tavola pasquale, la linea avrebbe continuato fino alle generazioni future – le ultime vestite in tute spaziali come in un fumetto di fantascienza.

Avessi disegnato quell'immagine durante uno dei Seder della mia infanzia, l'avrei regalata a mia madre, cui sarebbe piaciuta tanto; incoraggiava sempre la creatività; posso immaginarmela passare il disegno lungo la tavola del Seder, suscitando «uuh» e «aah» davanti al mio genio artistico – almeno finché mia sorella saputella, cinque anni più grande di me, sarebbe sbottata: «Perché hai disegnato la Pasqua a forma di croce?»

Il sollievo delle sue sofferenze giunse per santa Giuseppina Bakhita all'età di tredici anni, quando il generale turco la vendette a Callisto Legnani, il console italiano nella capitale sudanese Khartoum, il quale desiderava una schiava che aiutasse la sua governante. Più tardi la santa avrebbe ricordato con meraviglia come, nella sua nuova famiglia, «non ebbi rimbrotti, né castighi, né percosse, sicché non mi pareva vero di godere tanta pace e tranquillità»[21].

Tre anni dopo, quando in Sudan scoppiò la guerra civile, Legnani e un uomo d'affari suo amico, Augusto Michieli, tornarono con la famiglia in Italia, prendendo alloggio in un albergo di Genova. Là Bakhita passò ancora di mano, dal momento che Legnani regalò l'ormai diciottenne schiava alla moglie di Michieli, Maria Turina. I Michieli la portarono con sé nella casa di famiglia a Zianigo, piccola frazione di Mirano, in provincia di

[21] Giuseppina Bakhita, *Il cuore ci martellava nel petto*, p. 27.

Venezia. Quando Maria Turina ebbe una figlia, Mimmina, l'anno successivo, Bakhita diventò la sua bambinaia. «Questa mi si affezionò moltissimo, e io naturalmente ero portata a ricambiarla di pari affetto»[22].

Non molto tempo dopo, comunque, gli affari riportarono Augusto in Sudan. Era proprietario di un albergo nella città portuale di Suakin che ne richiese presto tutta l'attenzione. Dopo quasi due anni di vita prevalentemente separata, i Michieli decisero di vendere la loro proprietà in Italia in modo da poter vivere insieme a Suakin a tempo pieno.

La vendita dell'immobile risultò un processo lungo che si protrasse per un anno intero. Quando era quasi completata, Maria Turina decise di recarsi da sola in Sudan per passare un periodo di intimità con il marito. Su consiglio dell'amministratore del marito, Illuminato Cecchini (il quale, diversamente dai laici Michieli, era un cattolico devoto), ella lasciò Bakhita e Mimmina in un convitto gestito dalle suore canossiane. La casa era un catecumenato, un centro dove adulti non cattolici, che erano solitamente stranieri senza una famiglia locale, potevano abitare e allo stesso tempo ricevere l'istruzione religiosa necessaria a unirsi alla Chiesa cattolica. Bakhita, però, avrebbe detto che il suo incontro con Cristo iniziò alcune settimane prima che si trasferisse, quando Cecchini, durante una delle frequenti visite a casa Michieli, le regalò un piccolo crocifisso d'argento:

> Nel darmi il crocifisso, lo baciò con devozione, poi mi spiegò che Gesù Cristo, Figlio di Dio, era morto per noi. Io non sapevo che cosa fosse, ma spinta da una for-

22 *Ivi*, p. 32.

za misteriosa lo nascosi per paura che la signora me lo prendesse. Prima non avevo mai nascosto nulla. Ricordo che nascostamente lo guardavo in segreto, e sentivo una cosa in me che non riuscivo a spiegarmi[23].

Al suo arrivo con Mimmina al catecumenato, Bakhita acconsentì che le canossiane la istruissero nella fede. Le donne erano ufficialmente note come sorelle, ma abitualmente ci si rivolgeva loro con il termine "madre". Mentre istruivano la giovane africana, ormai ventenne, riguardo all'amore del Padre, Bakhita cominciò a scoprire la propria identità in seno alla famiglia di Dio. «Allora quelle sante madri con un'eroica pazienza mi istruirono e mi fecero conoscere quel Dio che fin da bambina sentivo in cuore senza sapere chi fosse»[24].

Papa Benedetto, nella sua enciclica *Spe salvi* (Salvati dalla Speranza), offre delle meravigliose intuizioni sul significato della nuova relazione per la santa:

> Qui, dopo "padroni" così terribili di cui fino a quel momento era stata proprietà, Bakhita venne a conoscere un "padrone" totalmente diverso – nel dialetto veneziano, che ora aveva imparato, chiamava "paron" il Dio vivente, il Dio di Gesù Cristo. Fino ad allora aveva conosciuto solo padroni che la disprezzavano e la maltrattavano o, nel caso migliore, la consideravano una schiava utile. Ora, però, sentiva dire che esiste un "paron" al di sopra di tutti i padroni, il Signore di tutti i signori, e che questo Signore è buono, la bontà in persona. Veniva a sapere che questo Signore conosceva anche lei, aveva creato

23 *Ivi*, p. 34.
24 *Ivi*, p. 35.

anche lei – anzi che Egli la amava. Anche lei era amata, e proprio dal "Paron" supremo, davanti al quale tutti gli altri padroni sono essi stessi soltanto miseri servi. Lei era conosciuta e amata ed era attesa[25].

Tuttavia, mentre si preparava al battesimo, la gioia di Bakhita era temperata da ricordi dolorosi. Una ragazzina di nome Giulia, che era solita visitare il catecumenato per giocare con Mimmina, notò che «Bakhita sorrideva sempre – e tuttavia c'era qualcosa di strano in quel sorriso: era un sorriso gentile, ma non felice»[26].

Bakhita trovava conforto nella preghiera, contemplando spesso il crocifisso mentre conversava interiormente con Colui che la capiva anche quando gli altri no. Come scrive papa Benedetto, si trattava qui di «un Padrone [che] aveva affrontato in prima persona il destino di essere picchiato e ora la aspettava alla destra di Dio Padre»[27]. La coscienza di questo rendeva sopportabile la sofferenza, perché «ora lei aveva speranza» – non più solo la piccola speranza di trovare padroni meno crudeli, ma la grande speranza: «io sono definitivamente amata e, qualunque cosa accada, io sono attesa da questo Amore. E così la mia vita è buona». Mediante la conoscenza di questa speranza lei era «"redenta", non si sentiva più schiava, ma libera figlia di Dio»[28].

Ecco il motivo per cui, quando Maria Turina tornò da Suakin a reclamare Mimmina e la propria schiava,

25 Benedetto XVI, *Spe salvi*, 3.

26 J.O. Meynard, *Josephine Bakhita: The Lucky One* [Giuseppina Bakhita. La fortunata], Catholic Truth Society, London 2002, p. 50.

27 Benedetto XVI, *Spe salvi*, 3.

28 *Ivi*.

Bakhita stupì la padrona insistendo per fermarsi dov'era. «Non era disposta a farsi di nuovo separare dal suo "Paron"»[29].

Maria Turina protestò furiosamente, ma la legge era dalla parte di Bakhita: l'Italia non ammetteva la schiavitù. Per quanto disperata per la separazione da Mimmina, Bakhita fu, per citarla letteralmente, «contenta di non aver ceduto»[30].

Il 9 gennaio 1890 Bakhita venne battezzata con il nome cristiano di Giuseppina, fu cresimata e ricevette la Prima Comunione. Giulia, la ragazza che aveva giocato con Mimmina, era «esterrefatta al vedere la gioia radiosa di Bakhita: la tristezza era scomparsa, e appariva completamente trasfigurata»[31]. Da allora in poi, secondo la biografia ufficiale vaticana, «la si vide spesso baciare il fonte battesimale e dire: "Qui sono diventata figlia di Dio!"»[32].

Bakhita sarebbe diventata una suora canossiana, molto cara ai bambini delle scuole dell'istituto. Essi amavano sentirla raccontare la storia della sua vita, felicemente seduta davanti a loro come Madre "Moretta". Qualche volta i bambini più piccoli tiravano la fluttuante manica destra del suo abito, pregandola di lasciar loro sbirciare il suo patchwork di cicatrici. Ma se esprimevano qualche accenno di rabbia contro i padroni che l'avevano trattata con tanta crudeltà, li correggeva subito: «Dovessi incontrare coloro che mi hanno rapita e persino quelli che mi hanno torturata, mi

29 *Ivi*.
30 Bakhita, *Il cuore ci martellava nel petto*, p. 36.
31 Meynard, *Josephine Bakhita*, p. 55.
32 Giuseppina Bakhita, www.vatican.va/news_services/liturgy/saints/ns_lit_doc_20001001_giuseppina-bakhita_it.html.

inginocchierei a baciar loro le mani. Perché, se quelle cose non fossero avvenute, non sarei diventata cristiana e non sarei una suora oggi»[33].

Ci si può chiedere: Dio desidera da noi questo particolare marchio di santità, inginocchiarci davvero e baciare le mani dei nostri peggiori carnefici? No, non in senso letterale – i malfattori non dovrebbero mai essere ricompensati per le loro azioni – e non credo che Bakhita con le sue parole intendesse questo. Inoltre, la storia personale di ognuno è diversa. Alcuni di noi possono davvero tendere la mano a coloro che ci fanno più male, permettendosi di essere emotivamente vulnerabili in vista di un bene maggiore in termini di riconciliazione e di guarigione. Per altri, la cosa più amorevole che possano fare per chi abusa di loro è togliere loro ogni opportunità di farlo ancora.

Mentre in queste faccende dovremmo, quando possibile, cercare consiglio da qualcuno di cui ci fidiamo, nessun altro può decidere per noi come procedere. La scelta se sia meglio prendere contatto con il nostro aguzzino, o cercare di mantenere le distanze, è in definitiva un dilemma da dirimere tra noi e Dio. Era forse questo che Bakhita intendeva dire quando, parlando con una consorella della sua vita da schiava, disse qualcosa che sa di misterioso: «Vi sono cose che soltanto il Signore ha visto. Non se ne può parlare né scrivere»[34].

Ritengo, però, che in un altro modo Dio chiami dav-

[33] Maynard, *Josephine Bakhita*, p. 68.
[34] Conferenza tenuta a Notre Dame di Parigi per la quarta domenica di Quaresima, il 30 marzo 2003, dal cardinale Poupard, presidente del Pontificio Consiglio per la Cultura, www.vigilsd.org/adoc02_03.htm.

vero tutti noi a rendere grazie per il nostro passato. Non saremo forse in grado di baciare le mani di chi ha abusato di noi. Ma un giorno vorremo baciare le mani di Gesù – il quale, se da un lato non desiderò mai gli abusi (perché Dio non vuole mai il male), dall'altro acconsentì che si verificassero, sapendo che ne avrebbe tratto del bene. Prova che ne *può* venir fuori del bene è data nelle vite di santi simili a Bakhita. La stessa prova si manifesta nella vita di qualsiasi vittima che ora sente la bontà di Dio nel proprio cuore. Indipendentemente da quanto stiamo soffrendo, quella bontà c'è sicuramente nella misura in cui desideriamo avvicinarci all'amore divino. Non proveremmo affatto tale desiderio se Dio non fosse già presente nei nostri cuori, attirandoci più vicini a sé. Questo è il messaggio che san Giovanni Paolo II voleva che la gente traesse dalla vita di santa Giuseppina Bakhita, come disse nell'omelia per la sua beatificazione:

> L'uomo a volte pensa: «Il Signore mi ha abbandonato, il Signore mi ha dimenticato» (Is 49,14). E Dio risponde con le parole del grande Profeta: «Si dimentica forse una donna del proprio bambino così da non commuoversi per il figlio del suo seno? Anche se ci fosse una donna che si dimenticasse, io invece non ti dimenticherò mai. Ecco, ti ho disegnato sulle palme delle mie mani» (Is 49,15-16). Sì, sulle palme delle mani di Cristo, trafitte dai chiodi della crocifissione[35].

[35] Giovanni Paolo II, Celebrazione Eucaristica nella «Green Square» in onore della beata Giuseppina Bakhita, w2.vatican.va/content/john-paul-ii/it/homilies/1993/documents/hf_jp-ii_hom_19930210_khartoum.html.

Da bambina ero affascinata dal concetto legato al Seder di una qualità del tempo senza tempo. Nel descrivere l'Esodo, l'*Haggadah* non riprende solo il racconto di un evento passato. Esso insiste, ripetutamente, che l'Esodo è *ora*. Non riguarda solo la liberazione degli ebrei migliaia di anni fa; si tratta della nostra liberazione dalla schiavitù oggi. «*Noi* eravamo schiavi», afferma. «In tutte le generazioni, ogni persona deve vedersi come se uscisse personalmente dall'Egitto». Questo Seder, dice, «è dovuto a ciò che l'Onnipotente ha fatto per me quando ho lasciato l'Egitto».

Anno dopo anno, i multipli strati semantici dell'*Haggadah* non hanno mai smesso di affascinarmi. Letteralmente parlando, l'Esodo fu un evento storico, perennemente collegato con un determinato tempo e luogo. Figurativamente parlando, esso è presente oggi e lo sarà sempre, in tutti i tempi e luoghi, ovunque si trovi il Popolo di Dio, «per ringraziare, acclamare, lodare, glorificare» Colui che ci ha redenti.

Lo stesso tempo senza tempo che contemplavo con fascinazione infinita da bambina è quello che contemplo ora nella Messa. Non mi trovo letteralmente ai tempi dell'Incarnazione, al Calvario, o presso la tomba vuota. Tuttavia, nel momento in cui m'inginocchio davanti alla Presenza Reale di Cristo nell'Eucaristia, tutti quegli eventi stanno ora dinanzi a me. Quelli e tutti gli eventi della vita di Cristo sono parte della *sua* memoria, in senso ignaziano: essi formano ciò che egli è. Inoltre, attraverso di lui – attraverso Cristo presente in me, nel momento in cui ricevo l'ostia consacrata –, essi diventano parte della *mia* memoria. Al tempo stesso, tutti gli eventi della mia vita – la mia memoria, la mia identità – sono vieppiù presenti a Cristo. Se glielo domando, con le parole di Ignazio, «Prendi e ricevi, o Signore, tutta la mia libertà, la mia memoria, la mia intelligenza, e tutta la mia volontà», la sua memoria è in grado di purificare la mia.

Se cercate la parola *suscipe* su un dizionario di latino, troverete che il suo significato principale è “prendere” o “innalzare”, ma significa anche adottare un neonato come proprio figlio. Ciò fa riferimento a un’antica usanza romana secondo la quale il padre aveva il diritto di ripudiare un neonato. Immediatamente dopo la nascita, il bimbo era posto ai piedi di suo padre. Se invece di essere alzato in alto dal padre, il neonato veniva lasciato a terra, veniva escluso dalla famiglia.

Ed è così che, quando prego il *Suscipe*, scopro la mia identità in Cristo come fece Bakhita. Sono la prediletta di Dio, desiderosa di essere presa tra le braccia del mio Padre Celeste. L’immagine aggiunge un significato nuovo all’enfatico insegnamento di san Paolo:

> Infatti tutti quelli che sono guidati dallo Spirito di Dio, costoro sono figli di Dio. E voi non avete ricevuto uno spirito da schiavi per ricadere nella paura, ma avete ricevuto uno spirito da figli adottivi, per mezzo del quale gridiamo: «Abbà, Padre!» (Lettera ai Romani 8,15).

2

L'AMORE CHE OFFRE RIPARO

Aprire i nostri cuori al Sacro Cuore – con Maria, Madre della Speranza

Si sentiva così straordinariamente contento per tutta la miseria e le avversità che aveva provato... Pensava a quanto era stato perseguitato e insultato, e ora sentiva tutti dire che era il più splendido di tutti quegli splendidi uccelli... allora le sue piume frusciarono, il collo snello si alzò e con tutto il cuore esultò: «Tanta felicità non la sognavo quando ero il brutto anatroccolo!»

Hans Christian Andersen, *Il brutto anatroccolo*[1]

Quando avevo dieci anni, una sera di grazie inaspettate iniziò quando mia madre – che allora lavorava come psicologa in una scuola – mi invitò ad accompagnarla a incontrare alcuni genitori. Ero felice di andare con lei, specialmente quando mi assicurò che ci saremmo fermate alla mia pizzeria preferita, sulla via del ritorno.

Una volta arrivate alla scuola, mamma mi portò in una sala giochi dove una delicata biondina di due anni più piccola di me era seduta su un tappeto arancione. I suoi occhi erano tristi e stava noiosamente picchiettan-

1 Andersen, *Fiabe e storie*, p. 214 [*ndt*].

do su alcuni blocchi da costruzione. Mamma mi spiegò a bassa voce che la madre di questa bimba era impegnata con gli altri genitori alla riunione, e mi pregò di farle gentilmente compagnia. Poi scomparve in un'aula in fondo alla sala, promettendo di ritornare di lì a un'ora circa, e fui lasciata sola con questa ragazzina strana e imbronciata.

Seguendo le istruzioni della mamma, provai a coinvolgere la mia nuova compagna di giochi in una conversazione, un tentativo cui oppose un silenzio di pietra. Non creava nemmeno un contatto visivo (sulla via del ritorno a casa, avrei saputo da mia madre che era «autistica» ed «emotivamente disturbata»). Non c'era però nient'altro da fare, per cui continuavo ad avvicinarmi a lei, offrendole bambole e altri giocattoli dagli armadi, e invitandola a giocare insieme a me.

La ragazzina accettava i giocattoli che le offrivo, ma prendeva e partiva con loro per il suo mondo personale. Giocavo al suo fianco e facevo finta che stessimo giocando insieme anche se non era così, mantenendo viva l'amichevole chiacchierata soltanto perché lei era là e io mi annoiavo. E mi chiedevo in che cosa mia madre fosse tanto impegnata.

Trascorse un'ora e ancora mia madre non si era vista. Fu allora che mi venne l'idea di giocare "al telefono". Non sono sicura per quale motivo. Forse stavo provando a usare un trucco per farla parlare. O può darsi che avessi semplicemente voglia di fare qualcosa di creativo e pensai che, anche se rimaneva in silenzio, magari le potesse piacere far finta che qualcuno le stesse telefonando.

In ogni modo, mi ricordo che misi in mano alla bambina un telefono giocattolo. Non ricordo se ne avessi anch'io uno o mimassi soltanto, usando la mano inclinata a mo' di cornetta. Ricordo bene però di aver detto: «Tu, tu! Tu, tu!»

Nulla m'avrebbe potuto preparare per quello che avvenne subito dopo.

La bambina alzò immediatamente la cornetta del suo telefono, dicendo nella maniera più naturale possibile: «Pronto?»

Rimasi stupefatta, ma riuscii a pronunciare alcune parole di risposta. E lei cominciò semplicemente una chiacchierata lunghissima, nella voce da bambina più dolce che esista. Il suo discorso suonava perfettamente normale. Chiunque, sentendola in quel momento, avrebbe pensato che fosse una bambina normalissima.

Nonostante avesse iniziato a parlare, la ragazzina era rimasta più o meno nel suo mondo personale. Non è che davvero stessimo intrattenendo una conversazione, era lei a parlarmi addosso. Comunque sia, sembrava che il "gioco" le stesse piacendo un mondo.

Mia madre, tornando dalla riunione, fu sorpresa nel trovarmi in stato di euforia. Non appena ci avviammo verso la macchina, le raccontai come fossi riuscita a far parlare la mia compagna di giochi. Conoscendo il livello dei problemi della ragazzina, mamma rimase scioccata ed entusiasta che fossi riuscita in qualche modo a comunicare con lei. Passammo il tragitto di ritorno – interrotto da bocconi di pizza – a parlare di come da grande sarei diventata una brava psicologa.

Retrospettivamente vedo che la mia reazione aveva in sé molto più orgoglio che amore. Mi sentivo come un'intelligente eroina delle fiabe che aveva risolto l'indovinello della Sfinge. Allo stesso tempo, intimamente, il mio cuore gioiva del misterioso legame che si era creato. Quando ero entrata nella sala giochi, la bimba e io eravamo due individui isolati. Quando andai via, avevamo ormai *legato*.

La mia gioia, comunque, non era completa. La ragazzina mi aveva risposto a distanza, non in faccia. Il nostro legame non aveva raggiunto il livello della comunione.

Ripenso ora all'episodio perché mi ricorda come sia imparare a comunicare con Dio dopo aver sofferto abusi sessuali infantili.

Da principio non parliamo dell'abuso con tutti. Soli con il ricordo della nostra esperienza, siamo altrettanto isolati, vulnerabili e scontenti quanto la ragazzina silenziosa dagli occhi tristi. Oppure magari proviamo a dirlo a qualcuno, per scoprire poi che quella persona non è degna della nostra fiducia. Cercando comprensione, ci scontriamo invece con accuse e vergogna, diventando ancor più isolati di prima.

Con l'andare del tempo, alla fine siamo forse in grado di aprirci con un amico fidato, un parente o un terapeuta – ossia qualcuno che tenta più che può di rispondere in maniera abbastanza affettuosa. Questa persona diventa per noi un "telefono", uno strumento umano attraverso il quale ci colleghiamo in modo nuovo e speciale all'amore divino, «perché l'amore viene da Dio» (Prima lettera di Giovanni 4,7).

Anche i santi possono svolgere questo ruolo di intermediari. Anzi, la Comunione dei Santi che professiamo nel *Credo* apostolico – che comprende tutti i membri della Chiesa, che siano sulla terra, in Purgatorio, o in Paradiso – è molto di più di un semplice "telefono". Quale Corpo Mistico di Cristo, somiglia di più a una rete di telecomunicazioni che trasmette grazia ventiquattr'ore al giorno sette giorni su sette. Il *Catechismo della Chiesa Cattolica*, citando san Tommaso d'Aquino, lo descrive come «un solo corpo», «governato da uno stesso e unico Spirito», in cui «il bene di Cristo è comunicato a tutte le membra, mediante i sacramenti della Chiesa» e «il bene degli uni è comunicato agli altri» (*Catechismo della Chiesa Cattolica*, art. 947).

Eppure, se dobbiamo essere guariti veramente, dobbiamo fare di più che avvicinarci a Dio tramite altre persone. Occorre raggiungerlo per una via diretta, con cuore aperto, nella preghiera. Per molti di noi, questo potrebbe sembrare la cosa più difficile da fare. Come nel caso di quella vulnerabile bambinetta nella sala giochi, il pensiero di comunicare faccia a faccia può forse riempirci di paura. Forse temiamo che egli ci giudicherà o che pretenderà troppo da noi, oppure – e questa penso sia la paura peggiore di tutte – che ci troveremo davanti alla sua fredda indifferenza.

Poiché la Chiesa non vuole che simili paure impediscano ad alcuno di avvicinarsi alla «fonte di ogni consolazione» divina, essa addita il Sacro Cuore di Gesù – «la nostra pace e la nostra riconciliazione», come recita la litania del Sacro Cuore.

Essendo cresciuta in seno al mondo ebraico, consideravo la devozione al Sacro Cuore uno degli aspetti relativamente più strani della fede cattolica. Anche se Gesù fosse Dio, perché a uno dei suoi organi dovrebbe essere riservata la venerazione?

Solo dopo che studiai il *Catechismo*, la cosa cominciò ad aver senso. Nella conversazione di tutti i giorni, il cuore vale più di qualsiasi altra parte del corpo. Esso rappresenta il centro del nostro essere, la fonte della volontà, l'asse del nostro amore. Il *Catechismo* osserva che, mentre l'amore di Dio è infinito, «il corpo di Cristo era finito» (*Catechismo della Chiesa Cattolica*, art. 476). Il Sacro Cuore, dunque, ci offre una via umana per accedere al mistero dell'amore divino, che ci permette di cominciare ad afferrare ciò che va in ultima analisi al di là della nostra immaginazione. [Dice il *Catechismo*:]

> la Chiesa ha sempre riconosciuto che nel corpo di Gesù il «Verbo invisibile apparve visibilmente nella nostra carne». In realtà, le caratteristiche individuali del corpo di Cristo esprimono la Persona divina del Figlio di Dio... Ci ha amati tutti con un cuore umano. Per questo motivo, il sacro cuore di Gesù, trafitto a causa dei nostri peccati e per la nostra salvezza, è considerato il segno e simbolo principale [...] di quell'infinito amore, col quale il Redentore divino incessantemente ama l'eterno Padre e tutti gli uomini[2].

Sebbene queste parole del *Catechismo* mi mostrassero che la venerazione al Sacro Cuore era razionalmente plausibile, ciò che davvero mi conquistò fu un catechismo *visivo*. Lo scoprii un giorno nel 2009, mentre esploravo il campus della Georgetown University, facendo una bella passeggiata salutare da casa mia a Washington. Quel catechismo visivo era rappresentato da un trittico di stupende vetrate sulla parete settentrionale del Cappella del Sacro Cuore dei Dahlgren.

Consacrata nel 1893, la cappella fu eretta da John ed Elizabeth Dahlgren in memoria del figlio Joseph, morto di polmonite appena nato. Elizabeth, una cugina della

[2] *Catechismo della Chiesa Cattolica*, artt. 477, 478.

monaca di Filadelfia conosciuta più tardi come santa Caterina Drexel, fece un viaggio in Germania, a Monaco di Baviera, per potersi occupare personalmente della produzione delle vetrate della cappella. Vedendo il modo meraviglioso in cui le vetrate dipingono l'amore consolante del Sacro Cuore, immagino che quella giovane madre in lutto, come san Paolo, volesse confortare gli altri con la stessa grazia che ella aveva ricevuto da Dio (Seconda lettera ai Corinzi 1,4).

La vetrata di sinistra del trittico dedicato al Sacro Cuore mostra Gesù nell'atto di istituire l'Eucaristia durante l'Ultima Cena. Dalla mia prospettiva, sta guardando direttamente me. La mano sinistra tiene il pane contro il suo cuore e la mano destra è sollevata nell'atto di benedire. San Giovanni è seduto al suo fianco, piegato in avanti oltre la spalla sinistra di Gesù, così vicino da sentire il battito del Sacro Cuore. I suoi occhi sono fissi sull'Eucaristia.

Nessun altro discepolo è visibile nell'angusta vetrata, ma vedo il retro di una sedia vuota sul lato del tavolo opposto a Gesù – presumibilmente quella lasciata da Giuda quando si precipitò fuori per tradire il Signore. Sembra che Gesù mi stia invitando a prendere posto sulla sedia vuota, affinché possa ricevere l'Eucaristia dalle sue stesse mani e possa offrire il mio amore al suo Sacro Cuore per compensare l'odio del traditore.

Vedendo Giovanni a fianco di Gesù, mi immagino di assistere al momento nel Vangelo in cui il Signore ci spinse a far nostro l'amore del suo Cuore: «Vi do un comandamento nuovo: che vi amiate gli uni gli altri; come io vi ho amato, così amatevi anche voi gli uni gli altri» (Giovanni 13,34). E in quell'amore egli offre il dono più grande di tutti: «Vi lascio la pace; vi do la mia pace. Non come la dà il mondo, io la do a voi. Il vostro cuore non sia turbato e non si sgomenti» (Giovanni 14,27).

Il versetto mi riporta a quando da bambina detti una prima occhiata ai Vangeli. Ricordo come mi saltò fuori di bocca l'espressione: «Non come la dà il mondo, io la do a voi». *Qualcuno lo capisce*, pensai. Qualcuno capisce che esiste qualcosa di molto sbagliato nel modo in cui il mondo dona la pace. Il mondo dona la pace soltanto per toglierla inaspettatamente in qualsiasi momento. Ciò che desideravo ardentemente era la pace vera, una pace *viva* – una pace di cui potessi godere per sempre.

Dopo aver contemplato la prima vetrata nel trittico della Cappella Dahlgren, i miei occhi si spostano a quella centrale: Gesù sulla croce. Il centurione non appare nella scena, ma ha lasciato il proprio segno: una ferita di lancia nel costato di Gesù. Restano un po' di gocce rosse sul punto in cui il sangue e l'acqua sono fluiti dal cuore trafitto del Salvatore. Maria è in piedi sul lato sinistro della croce, il volto affranto, un'espressione luttuosa, così profonda da essere al di là dell'emozione. A giudicare dalle occhiaie nere, sembra che abbia sofferto con Gesù per tutta la sua Passione – persino, in qualche modo, nella sua agonia della notte prima.

Giovanni è sul lato destro della Croce, sporto in avanti verso Maria, le braccia aperte come per circondarla in un abbraccio protettivo. Sta seguendo l'ultimo comandamento della vita terrena di Gesù. Le parole pronunciate dal Salvatore proprio alcuni momenti prima sembrano sospese nell'aria: «Ecco tua madre». È come se Gesù stesse assicurando che la sua pace – la pace del Sacro Cuore –, una volta data, non ci lascia per un istante. Anche nel momento in cui si allontana per tre giorni, per poi tornare nella Risurrezione, egli resta con la comunità umana attraverso il suo Corpo Mistico, la Chiesa, la cui Madre e membro eminente è Maria (*Lumen gentium*, 53).

Infine, volgo lo sguardo all'ultima vetrata del trittico, e là trovo un'immagine che deve risultare sorprendente per alcuni visitatori, dal momento che ritrae una scena che non è presente nella Bibbia. Essa ha luogo dentro una stanza con finestre che rivelano le prime luci dell'alba. Come nel caso della crocifissione, la Madonna è sulla sinistra e l'apostolo sulla destra, con Gesù in mezzo. Maria appare molto più vecchia di quanto non fosse alla crocifissione, ma ancora bellissima. Stavolta non è in piedi, ma in ginocchio in una posizione che ricorda il modo in cui gli artisti ritraggono il suo *fiat* – il suo «sì» – all'angelo Gabriele. Il suo volto è inclinato all'insù e le sue mani sono giunte con le punte delle dita rivolte verso il Cielo. Giovanni è in piedi un passo sopra Maria, di fronte a lei. Come con le altre due vetrate, Gesù è al centro – questa volta, però, appare sotto forma di Eucaristia, tenuta nella mano destra di Giovanni. In altre parole, la terza vetrata mostra Giovanni che dà la Santa Comunione alla Madre di Dio.

Con quell'immagine silenziosamente drammatica, il catechismo visivo del Sacro Cuore delle vetrate della Cappella Dahlgren giunge al termine con grande profondità. Ripercorriamo per un istante le vetrate:

Vetrata 1: Gesù dona il suo Sacro Cuore attraverso l'Eucaristia, all'Ultima Cena, quale memoriale perenne della sua prossima Passione.

Vetrata 2: Il Sacro Cuore trionfa sulla Croce, nel momento in cui Gesù dona il proprio corpo fisico «per la vita del mondo» (Giovanni 6,51) – e nei nostri stessi cuori, nel momento in cui Gesù chiama Maria a diventare Madre del suo Corpo Mistico, la Chiesa: «la maternità della sua genitrice trova una "nuova" continuazione nella Chiesa e mediante la Chiesa, simboleggiata e rappresentata da Giovanni» (Giovanni Paolo II, *Redemptoris Mater*, 24).

Vetrata 3: Attraverso la Santa Comunione, il Sacro Cuore nell'Eucaristia – lo stesso versato per noi sulla croce – e il Sacro Cuore nella Chiesa vengono uniti in uno scambio d'amore. «Se uno mi ama, osserverà la mia parola e il Padre mio lo amerà e noi verremo a lui e prenderemo dimora presso di lui» (Giovanni 14,23).

Rimango affascinata dalla bellezza di quell'ultima vetrata. Essa trasmette l'esperienza di Maria in un modo che risulta, per me, profondamente catartico. Ecco una donna che, durante la Passione del Figlio, sopportò il trauma emotivo più intenso a cui una persona potesse essere sottoposta e sopravvivere. Il fatto che, in un momento in cui tutti gli apostoli tranne uno erano scappati, ella fosse in grado di rimanere in piedi accanto alla Croce, riversando l'amore del suo cuore per il Figlio mentre egli riversava l'amore del proprio Cuore per il mondo, è in sé qualcosa di miracoloso.

La vetrata ci mostra Maria nel momento in cui la sua memoria conteneva non soltanto il dolore della crocifissione, ma anche la gioia della resurrezione. Ma ci mostra anche qualcosa di più: Maria nel momento presente, che vive tra Terra e Cielo. Tale esperienza di pellegrinaggio fa parte della vita di ogni cristiano; sappiamo che Gesù è con noi, ma dobbiamo confidare nella fede come «fondamento delle cose che si sperano e prova di quelle che non si vedono» (Lettera agli Ebrei 11,1). Tuttavia, quanto più grande quella tensione deve essere stata per Maria, il primo essere umano in assoluto a vedere il volto di Gesù, quando finì per poterlo vedere soltanto sotto il velo dell'Eucaristia.

Vedo tutti quei ricordi, il dolore e la gioia, come pure la tensione del momento presente, nell'espressione desiosa sul volto di Maria nel ricevere il proprio Figlio nella Santa Comunione. È lo stesso spirito di attesa evocato da papa Benedetto quando scrisse di Maria dopo Pentecoste: «tu rimani in mezzo ai discepoli come la loro Madre, come Madre della speranza»[3]. Invece di lasciarsi definire dalle tre ore in cui il sole si oscurò, ella è definita dal mattino di Pasqua, quando la luce del Cristo risorto che è «Luce da Luce» albeggiò sul mondo, per non scomparire mai più. Ella sa ciò che nostro Signore disse ai discepoli sulla via di Emmaus: «Non bisognava che il Cristo sopportasse queste sofferenze per entrare nella sua gloria?» (Luca 24,26).

La resurrezione, dunque, non cancella in Maria il ricordo della Passione. Piuttosto, essa *completa* la sua esperienza, mettendola in grado di integrare correttamente il trauma nella sua identità. Il dolore passato diventa parte integrante della sua gioia presente.

L'esperienza di Maria è parallela al processo di crescita che, a detta degli esperti della terapia, risulta essenziale se le vittime di un trauma vogliono ottenere la guarigione:

> L'elemento chiave della psicoterapia delle persone affette da disturbo da stress post-traumatico è l'integra-

[3] Benedetto XVI, *Spe salvi*, 50.

zione dell'estraneo, dell'inaccettabile, del terrificante e dell'incomprensibile nelle proprie autorappresentazioni... I ricordi traumatici devono diventare come ricordi dell'esperienza quotidiana; ovvero devono essere modificati e trasformati tramite la collocazione nel loro contesto corretto e ricomposti in una narrazione sensata[4].

Se da un lato condivido il consiglio degli esperti, devo però sorridere all'ultima frase alla luce dell'esperienza di Maria. È proprio un eufemismo dire che ella riuscì a ricomporre i propri ricordi in una «narrazione sensata». Più precisamente, ella permise continuamente a Dio di guidarla in tale ricomposizione – offrendogli la sua memoria, il suo intelletto, e tutta la sua volontà (per mutuare un'espressione del *Suscipe* di sant'Ignazio). In tal modo, sebbene non sia necessario parlare di «purificazione» riguardo alla donna che era immacolata dal concepimento, la risposta di Maria al dolore costituisce un modello per quanti di noi cerchino la purificazione stessa della memoria.

Molto prima della Passione, il Vangelo di Luca ci mostra la fase iniziale in cui Maria consente a Dio di riplasmare il modo in cui ella percepisce le proprie esperienze passate. Lo vediamo nell'episodio in cui una Maria e un Giuseppe angosciati, dopo tre giorni di ricerca, trovano Gesù dodicenne nel tempio e Gesù

[4] B.A. van der Kolk, *et al.*, «A General Approach to Treatment of Posttraumatic Stress Disorder», in B.A. van der Kolk, A.C. Mcfarlane, L. Weisaeth (edd.), *Traumatic Stress*: *The Effects of Overwhelming Experience on Mind, Body and Society* [Stress traumatico: gli effetti di un'esperienza sconvolgente sulla mente, il corpo e la società], Guilford Press, New York 1996, pp. 419-20, 429.

dice loro: «Perché mi cercavate? Non sapevate che io devo occuparmi delle cose del Padre mio?» (Luca 2,49). Padre Angelo Maria Geiger, fi, un sacerdote dei Francescani dell'Immacolata, fa notare come le parole di Gesù diano a Maria una chiave interpretativa: «Tre giorni, la casa del Padre». Dopo di ciò «non si sorprenderà più. La prossima volta che Gesù scomparirà, ella saprà esattamente dove trovarlo»[5]. Ecco perché, come scrisse Luca, anche se Maria e Giuseppe «non compresero» le parole di Gesù in quel momento, Maria «serbava tutte queste cose nel suo cuore» (Luca 2,50-51).

Padre José Granados osserva che, «[in] un certo senso, ciò segna la differenza tra Maria e gli altri personaggi nel Vangelo di Luca. Come i discepoli, Maria non afferrò immediatamente il significato delle parole di Gesù: la differenza sta nel fatto che lei conservasse le sue risposte e continuasse a meditarci sopra, mentre gli altri avevano paura di chiedere»[6].

Ecco, infatti, perché Maria ebbe la forza e il coraggio di rimanere in piedi al fianco di Gesù per tutta la crocifissione, mentre gli altri discepoli tranne Giovanni non riuscirono a sopportare di essere presenti. Ella aveva già cominciato a ricomporre il mosaico delle proprie conoscenze, alla luce di ciò che le era stato rivelato del piano di Dio. Conservare le parole di Gesù nel suo cuore le permise di andare avanti anche quando non era in grado di capire come il trauma presente sarebbe stato risolto.

La fortezza di Maria venne non dal dimenticare la propria sofferenza passata, ma dal ricordarla in *modo*

[5] E-mail all'autrice, 14 giugno 2011.
[6] J. Granados, «Through Mary's Memory to Jesus' Mystery», *Communio*, 33 (2006), p. 24.

nuovo. Ella esemplifica la verità espressa in un saggio del cardinal Ratzinger prima che diventasse papa Benedetto XVI: «Il ricordo che suscita la speranza»:

> In uno dei suoi racconti di Natale, lo scrittore Charles Dickens narra la storia di un uomo che aveva perduto la memoria del cuore. Gli era cioè stata tolta l'intera successione di sentimenti e di pensieri prodotta in lui dall'esperienza della sofferenza umana. Lo spegnersi del ricordo dell'amore gli era stato offerto come liberazione dal peso del passato, ma ben presto si era visto che in tal modo quell'uomo era cambiato totalmente; l'incontro con la sofferenza non suscitava più in lui nessun ricordo della bontà. Venendo meno la memoria, era scomparsa in quest'uomo anche la fonte della bontà. Era diventato freddo ed emanava un senso di gelo intorno a sé... Ciò significa che solo chi può ricordare, può anche sperare...
> [Recentemente] Un pastore d'anime, che frequentava persone sull'orlo della disperazione, raccontava la stessa cosa a proposito della propria attività: se si riesce a suscitare in una persona disperata il ricordo di un'esperienza del bene, questa può nuovamente credere nel bene, può tornare a sperare, e si schiude per lei una via d'uscita dalla disperazione[7].

Il processo descritto da Ratzinger tramite il quale «reimpariamo la speranza» rispecchia l'esperienza di purificazione della memoria vissuta da santa Giuseppina Bakhita. Come abbiamo visto nel capitolo 1, il

[7] Benedetto XVI, *Cercate le cose di lassù*, p. 7 (titolo del capitolo iniziale «Il ricordo che suscita la speranza») e p. 8.

trauma del suo rapimento le fece dimenticare il proprio nome, tuttavia conservò il ricordo infantile del timore reverenziale provato nel guardare «il sole, la luna e le stelle» chiedendosi: «"Chi è mai il Padrone di queste belle cose?" E provavo una voglia grande di vederlo, di conoscerlo e di prestargli omaggio»[8].

Ricordo un momento da bambina in cui sperimentai un senso di gioia simile. Accadde quando i miei genitori erano ancora insieme, perché, nel figurarmi quel pomeriggio, mi rendo conto che non potevo avere più di cinque anni.

Allora la mia famiglia abitava in una casa a Galveston, nel Texas, proprio sulla baia. Era un pomeriggio nuvoloso, ed ero seduta nel cortile sul retro, che dava sui flutti grigi dell'acqua. La mia immaginazione si volse, come spesso faceva all'epoca, al mio passatempo preferito – leggere i fumetti dei *Peanuts* di Schulz. Mi piaceva tantissimo il personaggio di Charlie Brown, perché mi identificavo con la sua solitudine.

Uno dei temi correnti dei *Peanuts* era la domanda: «Perché siamo qui sulla terra?» La risposta classica di Charlie Brown era: «Per far felici gli altri». Lucy reagiva a quest'affermazione – in modo del tutto sensato, pensavo –: «Gli altri per cosa sono qui?»

La vita doveva avere un senso più alto – pensavo gettando lo sguardo sull'acqua – che semplicemente far felici gli altri. Perché *siamo* qui? Qual è il significato della vita?

Improvvisamente mi venne in mente con una chiarezza accecante: *la risposta a tutto è che dobbiamo tutti*

[8] Giuseppina Bakhita, www.vatican.va/news_services/liturgy/saints/ns_lit_doc_20001001_giuseppina-bakhita_it.html.

amarci reciprocamente. L'amore significa più che far felice la gente. Se tutti si amassero veramente gli uni gli altri, non vi sarebbe nessuna guerra, nessuna lite.

Nessuna lite. Nel ricordare quell'epifania, sono sicura che debba essersi verificata durante il periodo in cui la tensione tra i miei genitori, che avrebbe a breve condotto alla loro separazione, stava ribollendo in accese discussioni. Tuttavia, per quel solo istante, ero come il personaggio ne *L'uomo che fu Giovedì* di G.K. Chesterton, che «si era sentito portatore di notizie incredibilmente belle, che facevano apparire tutto il resto banale, ma di un'incantevole banalità»[9].

Sentii l'urgenza di correre in casa e condividere la risposta a tutto con la mamma e il babbo. Ma allora, nel momento stesso in cui sorse in me quell'urgenza, sorse anche una sorta di prematuro cinismo. È *troppo semplice*, pensai. *Sicuramente la gente l'ha sperimentato e non ha funzionato. Che stupido da parte mia pensare che gli adulti lo prenderanno sul serio!* Poi pensai di prendere un pezzo di carta e di scriverci la risposta, ma scartai ugualmente quell'idea. All'epoca, il solo scritto che avevo tentato di buttar giù era una lettera indirizzata a Charles Schulz come sua fan, e mi dimostrai miseramente incapace di capire dove dovessero andare le virgole (la mia soluzione fu di mettere una virgola tra ogni parola, tanto per non rischiare di sbagliare).

Ma la vera ragione per cui ero riluttante a spostarmi dal mio punto panoramico sopra l'acqua era perché temevo che, nel percorrere i sette metri circa che mi

9 G.K. Chesterton, *L'uomo che fu Giovedì* (introduzione di G. Gadda Conti, trad. it. di G. Crepax, Mondadori, Milano 1984, p. 170) [*ndt*].

dividevano dalle porte automatiche che conducevano al nostro soggiorno, mi sarei dimenticata quello che avevo sperimentato. Non si trattava soltanto di una risposta verbale che mi era venuta, ma di un senso del divino. Non appena mi colse, cominciò a scivolare via.

Anni più tardi, rimasi esterrefatta quando scoprii che C.S. Lewis da bambino aveva sperimentato una sensazione identica, che descrisse nella sua autobiografia *Sorpreso dalla gioia*:

> Si trattò, naturalmente, di una sensazione di desiderio; ma desiderio di che? ... Prima ancora di sapere che cosa esattamente desiderassi, il desiderio stesso era svanito, la sensazione dimenticata, e il mondo era tornato alla sua norma, e solo il desiderio per il desiderio appena svanito lo turbava. Tutto era durato non più di un attimo; eppure, al confronto, nulla mi era parso così straordinario[10].

Quando mi accorsi che non ero in grado né di trattenere la risposta che avevo ricevuto, né di trasmetterla in una maniera che sarebbe stata significativa per gli altri, mi decisi a ricordare almeno che l'esperienza c'era stata. Per un istante avevo sperimentato la gioia di una conoscenza sicura. Nessuno poteva togliermi quell'esperienza.

Nel corso degli anni seguenti, superai tanti guai – alcuni per mano di altri, e alcuni, quando ero una giovane adulta piuttosto smarrita, provocati da me personalmente – che mi fecero disperare di ritrovare mai una

[10] C.S. Lewis, *Sorpreso dalla gioia. I primi anni della mia vita*, Jaca Book, Milano 2002³, pp. 17-18.

simile gioia. Ma la brama di sperimentarla di nuovo rimase.

Quando alla fine ricevetti il dono della fede in Cristo, fui in grado di riconoscere in quel pomeriggio di Galveston la medesima cosa che in definitiva C.S. Lewis riconobbe nelle proprie esperienze infantili di gioia. Si trattava di una promessa di cose buone, per quanto lontane – un pregustare la felicità futura, persino un cenno di Paradiso. Il possederla nella mia memoria mi concesse, nel corso degli anni successivi, un necessario spiraglio di accesso a una parte del mio passato in cui si erano accumulati traumi e perdite. Come con gli altri ricordi infantili positivi che avrei scoperto nel tempo, come per esempio il Seder pasquale, esso aggiunse un confortante senso di continuità alla mia nuova vita in Cristo. Dopo anni di ricerca di un fondamento per il mio senso dell'io, scoprii finalmente la mia identità, e mi accorsi con sorpresa che gli abiti cenciosi delle mie sofferenze infantili si erano trasformati nell'abito da sera di un carattere maturo. Come il brutto anatroccolo nel racconto di Hans Christian Andersen, ero diventata quello che ero davvero.

Per quanti di noi fanno fatica a seguire il consiglio di Ratzinger di «riportare alla mente il ricordo di qualche esperienza positiva», c'è sempre una buona esperienza il cui ricordo ci sta dinanzi in ogni momento. È l'esperienza di essere sempre mantenuti in vita da Dio: ciò che nel titolo del primo capitolo chiamavo «l'amore che dimentichiamo».

Ciascuno di noi è venuto alla luce perché il nostro Padre celeste ci ha amato e ha voluto chiamarci all'esistenza. Bisogna ammettere che, se non abbiamo ricevuto la benedizione di avere dei genitori o tutori che incarnassero l'amore di Dio per noi, possiamo magari far fatica a interiorizzare questa verità. Lo so per esperienza, avendo tentato per tutta l'infanzia, l'adolescenza e la giovinezza di credere alle persone quando mi dicevano «Dio ti ama». Molte volte, specialmente dopo che mia madre abbandonò le sue credenze New Age a favore della fede cristiana, andavo in chiesa, pensando che forse avrei ricevuto fede e speranza per osmosi. Non funzionava, perché confondevo la fede cristiana con un sentimento – che non lo è. È una *realtà vissuta.*

A ogni messa domenicale, i cattolici recitano il *Credo*: «Credo in un solo Dio...». Nell'originale greco, la parola *eis*, tradotta con «in», letteralmente veicola un significato più vicino a «entro». Ciò che stiamo davvero dicendo non è soltanto che compiamo la scelta intellettuale di credere, ma che crediamo con *cognizione* – una cognizione che ci porta effettivamente all'unione con Dio, l'oggetto della nostra fede. La fede, come qui rappresentata, è più di un semplice riconoscimento del Creatore. Costituisce un principio dinamico che ci attrae in avanti in direzione di Dio, trasportati dalla grazia, indipendentemente dal fatto che avvertiamo o meno il suo operare.

Ci sono stati momenti della mia vita in cui ho avuto la benedizione di avvertire la presenza consolante di Dio. Si tratta di una sensazione indicibilmente bella, e desidero ardentemente riavvertirla. Sono però giunta alla consapevolezza che, nel lungo termine, esiste qualcosa di ancor più consolante dell'avvertire transitoriamente la vicinanza di Dio. Si tratta della conoscenza certa che, indipendentemente da come possa sentirmi in un determinato momento (giacché le sensazioni, come tutti sappiamo, vanno e vengono), il mio cuore è unito a Dio perché io *credo*.

Per molti santi e beati, compresi Giovanni della Croce, Teresa di Lisieux e Madre Teresa, la strada della santità comportò una lunga «notte oscura dell'anima», durante la quale si trovarono incapaci di sentire alcuna gioia nella preghiera – o, in alcuni casi, incapaci di pregare affatto. Tuttavia, poiché quegli uomini e quelle donne santi continuarono a credere «sperando contro ogni speranza» (Lettera ai Romani 4,18), i periodi di aridità non li distolsero dal loro itinerario spirituale. Al contrario, essi continuarono a offrire i propri cuori aperti a Dio anche quando sembrava che egli si stesse rifiutando di riempirli. Nel far ciò, essi si conformarono sempre di più al Cristo crocifisso, il quale, anche se non perse mai la propria unione con il Padre, però – identificandosi con l'umanità segnata dal peccato – sperimentò l'agonia della separazione: «Dio mio, Dio mio, perché mi hai abbandonato?» (Matteo 27,46)[11].

Questi santi mi hanno insegnato come non sia essenziale che io *mi senta* amata da Dio. Ciò che più importa è che io accetti i fatti innegabili della mia nascita e successiva esistenza come prova che egli si cura di me, che mi sostiene e perciò deve avere un obiettivo per me. Tale prova, una volta accettata, non può fare a meno di condurre alla verità più profonda che – nelle parole di papa Benedetto – Dio ama ognuno di noi «con un

[11] Un articolo utile circa il significato di Matteo 27,46 è quello di T.J. White, op, «Jesus' Cry on the Cross and His Beatific Vision» [Il grido di Gesù sulla croce], *Nova et Vetera*, edizione inglese, vol. 5, 3 (2007), pp. 555-582.

amore personale» (*Deus caritas est*). O, in altre parole, citando un detto attribuito a Ethel Waters – la grande cantante jazz afroamericana che fu concepita da uno stupro –, «Dio non crea schifezze».

Alcuni anni fa, vicino alla porta anteriore della Cappella Dahlgren, una nuova vetrata apportò una variante creativa al tema del Sacro Cuore della chiesa. Essa ritrae uno dei santi più nuovi della Chiesa, il convertito anglicano del XIX secolo John Henry Newman, e riporta il suo motto «Cor ad cor loquitur» (Cuore parla a cuore).

In un certo senso «Cuore parla a cuore» rappresenta la convinzione di Newman che «la migliore preparazione per amare il mondo nel suo complesso, e per amarlo secondo giustizia e saggezza, sia coltivare amicizia e affetto intimi verso coloro che sono a noi più vicini»[12]. Newman sembra aver tenuto permanentemente davanti ai suoi occhi una sorta di visione gioiosa molto simile a quella che sperimentai in maniera tanto sfuggente da bambina. Io mi ero immaginata che, se quelli che mi erano più vicini si fossero amati a vicenda, tutto il mondo lo avrebbe fatto e tutto sarebbe andato bene. Newman proclamò che «la prova della nostra unione con l'amore di Cristo; la prova dell'amore verso Cri-

[12] J.H. Newman, *Sermone* 5, www.newmanreader.org/works/parochial/volume2/sermon5.html [in italiano, *Sermoni sulla Chiesa scelti dai* Parochial Plain Sermons, in J.H. Newman, *Sermoni sulla Chiesa, Conferenze sulla dottrina della giustificazione. Sermoni penitenziali*, traduzione e introduzione a cura di L. Chitarin, PDUL Edizioni Studio Domenicano, Bologna 2004, pp. 5-221, sermone V (*PPS* II, 19, probabilmente della fine del 1834), «Lo spirito che abita in noi», pp. 77-89, *ndt*].

sto e la sua Chiesa è amare quelli che effettivamente vediamo»[13].

La nozione di «essere uniti a Cristo» tramite l'amore per il prossimo mette in risalto il significato più ampio del motto di Newman. Si tratta del messaggio di Giovanni: «Noi amiamo, perché egli ci ha amati per primo» (Prima lettera di Giovanni 4,19). Newman spiega che è consentendo al Sacro Cuore di parlare al nostro cuore, e lasciando che il nostro cuore risponda, che diventiamo capaci di un'autentica intimità emotiva vicendevole: «Sappiamo che persino i nostri amici più intimi non entrano in noi se non parzialmente, e dimorano con noi soltanto saltuariamente; mentre la coscienza di una Presenza perfetta e duratura, ed essa sola, mantiene il cuore aperto»[14].

[13] J.H. Newman, *Sermone* 11, www.newmanreader.org/works/parochial/volume4/sermon11.html [in italiano, Newman, *Sermoni sulla Chiesa*, cit., sermone XI (*PPS* IV, 10, 20/11/1836), «La Chiesa visibile per amore degli eletti», pp. 149-163, *ndt*].
[14] J.H. Newman, *Sermone* 22, www.newmanreader.org/works/parochial/volume5/sermon22.html.

3

L'AMORE CHE SOFFRE

Condividere la Passione di Cristo – con santa Gemma Galgani e san Sebastiano

La piccola Helga tremava e la sua memoria fu destata con la forza del Giudizio Universale. Tutto il bene che le era stato fatto, tutte le parole care che le erano state dette quasi presero vita; comprese che era stato l'amore a sostenerla nei giorni avversi... riconobbe di aver solo seguito gli impulsi dell'istinto e di non aver fatto nulla per se stessa; tutto le era stato dato, tutto era stato come guidato; si inchinò misera, umile, vergognosa davanti a colui che saprebbe leggere ogni piega del cuore: e in quell'istante sentì come un lampo della fiamma purificatrice, la fiamma dello Spirito Santo.

Hans Christian Andersen, *La figlia del re della palude*[1]

Quando Cristo era appeso alla croce, i sommi sacerdoti, gli scribi e gli anziani dissero: «*Ha salvato gli altri*, non può salvare *se stesso*. È il re d'Israele, scenda ora dalla croce e gli crederemo» (Matteo 27,42).

Quasi duemila anni dopo, i miei genitori ebrei esprimevano sentimenti simili – fatta eccezione per la derisione – quando, all'età di cinque anni, chiesi loro

[1] Andersen, *Fiabe e storie*, p. 543 [*ndt*].

per la prima volta di Gesù. Mi fu detto che, se fosse stato Dio, non sarebbe stato crocifisso; pertanto non era Dio. Mamma e papà ammisero che Gesù era un "uomo per bene", ma ciò servì soltanto a confondermi, dal momento che sapevo che gli uomini per bene non mentono e Gesù invece aveva detto che era il Figlio di Dio.

Nel tempo, scoprii che l'opinione che la crocifissione costituisse una prova contro la divinità di Gesù non era soltanto appannaggio degli ebrei. La cultura popolare offre prove abbondanti del fatto che ci fossero persino cristiani che erano scandalizzati dalla Croce. Due dei dischi più venduti della mia infanzia erano album registrati dal vivo dei musical *Godspell* e *Jesus Christ Superstar*. Nessuno dei due spettacoli ritrae la crocifissione nel modo in cui essa è descritta nella preghiera eucaristica della messa, la quale dice che «Gesù si consegnò spontaneamente alla sua Passione». Invece, essi la presentano come la conclusione sgradevole dell'esistenza di un maestro che era umano ma non divino. Non conoscendo il Vangelo, nessuno capirebbe da questi musical che la sofferenza di Cristo è per la nostra salvezza; «Egli è stato trafitto per i nostri delitti» (Isaia 53,5).

Fu soltanto con il tempo, attraverso gli scritti dei santi – vale a dire persone sante quali G.K. Chesterton, come pure santi riconosciuti dalla Chiesa come san Paolo –, che appresi come mai i cristiani credono che la Croce è, nell'espressione di un antico inno, *spes unica*, la nostra sola speranza. Cristo, soffrendo nella sua natura umana, prese su di sé ogni sofferenza umana. Egli ci invita a unirci a lui nel battesimo, perché, nelle parole di san Giovanni Paolo II, «vuole essere unito con tutti gli uomini, ed in modo particolare egli è unito con coloro che soffrono»[2].

I patimenti di Cristo hanno un senso infinito; lo stesso, allora, vale per le sofferenze del singolo cristiano quando sono unite alle sue. Che ne è, però, del dolore che un cristiano porta nel cuore da prima di essere stato, o prima di saper unire le proprie sofferenze a Cristo?

La verità confortante è che perfino le sofferenze passate, alla luce di Cristo, assumono un senso infinito, poiché sono parte del cristiano che è unito a Gesù nel momento presente. Qui ancora, come abbiamo visto nel capitolo 1, la memoria non deve necessariamente essere nemica. Al contrario, la guarigione diventa possibile quando ammettiamo che i nostri ricordi sono parte integrante di chi siamo. Gesù ha detto: «Non sono i sani che hanno bisogno del medico, ma i malati» (Matteo 9,12). Se il Medico Divino deve operarmi, devo avere un'apertura attraverso la quale possa raggiungere il mio cuore. Devo ammettere che sono ferito e che le mie ferite restano. Tale dolorosa ammissione è tuttavia possibile con l'aiuto della grazia di Dio.

A questo punto, è importante gettare luce su un'area in cui vi è stata qualche controversia tra i terapeuti cristiani e i pastori d'anime: il chiedere a Gesù di sanare le ferite delle sofferenze passate *non* richiede di rivisitare consciamente ciascuna di quelle sofferenze[3]. Se un

[2] Giovanni Paolo II, *Salvifici doloris*, 24.

[3] Parlo qui della controversia circa la tecnica nota genericamente come «guarigione interiore», in cui il terapeuta conduce la vittima di traumi attraverso una visualizzazione guidata di un ricordo traumatico. La vittima viene poi istruita a inserire Gesù nel ricordo – visualizzandolo come testimone del trauma,

ricordo che turba torna effettivamente in mente, posso e dovrei offrirlo perché sia guarito. Comunque – non posso sottolineare abbastanza questo punto – *il potere risanatore di Dio non è limitato dalla nostra memoria consapevole.* Il nostro passato, che ce lo ricordiamo o no, ci è sempre presente, perché la nostra identità presente è formata dalle nostre esperienze passate. Per questo motivo, quando i raggi risanatori di Dio filtrano nel nostro presente, non possono che aiutare a dissipare anche il nostro passato. Allora – con il tempo e l'aiuto della preghiera e dei sacramenti –, quando effettivamente emergono i ricordi del passato, la loro puntura è ammorbidita. Cominciamo a vedere che anche i nostri periodi più dolorosi contengono bellezza, nella misura in cui ci hanno condotto – ingarbugliato quanto fosse il nostro passato – alla nostra vita presente immersa nell'amore di Dio.

La Messa attesta come anche i ricordi passati più angosciosi possano diventare il fondamento della grazia presente. Nella Preghiera Eucaristica III, il sacerdote dice: «Celebrando il memoriale del tuo Figlio, morto per la nostra salvezza, gloriosamente risorto e asceso al Cielo, nell'attesa della sua venuta ti offriamo, Padre, in rendimento di grazie questo sacrificio vivo e santo».

«Celebrare il memoriale del tuo Figlio, morto per la nostra salvezza» significa richiamarlo alla mente – e richiamare alla mente la Passione significa richiamare

facendogli delle domande e ascoltando le sue "risposte". Non vi è stata alcuna ricerca formale su quest'approccio, ma alcuni che ne sono a conoscenza hanno sostenuto che potrebbe far più male che aiutare.

alla mente le immagini dell'ora più buia che l'umanità abbia mai visto. Eppure il nostro ricordo non termina in quel momento; l'oscurità è seguita dallo splendore della resurrezione trionfale e ascensione di Gesù, e dalla speranza della sua seconda venuta. Ricordate la grande intuizione di papa Benedetto: «il ricordo suscita la speranza» (si veda il capitolo 2).

Ci viene consigliato di seguire l'esempio dei santi, ma la varietà da capogiro dei santi stessi può rendere questo compito disorientante. Come scrisse san Giovanni XXIII, ogni santo è «santo in modo diverso»[4]. Non ci vuole comunque molto a scoprire due cose che tutti i santi hanno in comune: hanno tutti sofferto e hanno tutti sperimentato la gioia in mezzo ai tormenti, attraverso la loro unione con Cristo.

Tra i primi santi a testimoniare tale gioia fu Paolo, il quale scrisse nella sua lettera ai Colossesi: «Perciò sono lieto delle sofferenze che sopporto per voi e completo nella mia carne quello che manca ai patimenti di Cristo» (Lettera ai Colossesi 1,24). Paolo non intendeva dire che i patimenti di Cristo fossero insufficienti a redimere l'umanità; in tal senso non vi era nulla di «manchevole» in essi. Piuttosto, stava dimostrando con l'esempio come noi, i membri della Chiesa, possiamo offrire a Cristo – e, per estensione, a tutta la Chiesa – il dono della nostra sofferenza individuale in seno al suo Corpo Mistico. Diversamente dagli eventi straordinari della Passione e della resurrezione, il dono del singolo membro può attuarsi soltanto con il passare del tempo.

[4] M. Trevor, *Pope John* [Papa Giovanni], Gracewing, Herefordshire, UK 2000, p. 44.

Cristo non è arricchito a causa di tale dono, ma esso «completa effettivamente ciò che manca», per il fatto di completare il ritorno del singolo cristiano a Dio, che richiede che questi imiti Cristo (Prima lettera ai Corinzi 11,1).

Ricordate la preghiera dell'*Anima Christi*, con l'invocazione: «Dentro le tue piaghe nascondimi» (si veda la Guida alla lettura a pag. 241 per il testo completo). Il corpo di Cristo è ora glorificato: esso non manca di nulla – tuttavia, spiritualmente parlando, c'è spazio nel suo Sacro Cuore perché il cristiano vi riposi. Analogamente, i cieli non mancano di nulla – tuttavia Gesù dice ai suoi discepoli che essi hanno spazio per loro (Giovanni 14,2). In ciascuno di questi casi, l'apparente «mancanza» è dovuta al fatto che Dio, che è fuori dal tempo, ha stabilito nella sua provvidenza che gli esseri umani tornino a lui, nel tempo, conformandosi al suo Figlio (cfr. Lettera ai Galati 4,19).

Cristo ha completato la sua sofferenza *per* noi. Ma non ha ancora completato la sua sofferenza *in* noi.

A volte, lungo tutta la storia della Chiesa, Dio ha concesso a singoli santi l'opportunità di «completare quello che manca ai patimenti di Cristo» non soltanto tramite le loro sofferenze quotidiane, ma anche attraverso esperienze che imitano letteralmente la Passione. Nei primi secoli della Chiesa, i santi imitarono il Cristo crocifisso attraverso il martirio – e, come san Paolo, esultarono. Il resoconto del martirio delle sante Perpetua e Felicita, che ebbe luogo a Cartagine nel 202 d.C., attesta che, quando la folla pretese che fossero flagellate dinanzi a una fila di gladiatori, le sante e i compagni «si rallegrarono per questo, giacché avevano ottenuto una parte delle sofferenze del Signore»[5].

Un martire che ottenne una parte straordinaria di tali sofferenze fu san Sebastiano. Tipicamente gli artisti lo mostrano trafitto da frecce. L'immagine è ingannevole, perché l'assalto che subì dagli arcieri dell'imperatore Diocleziano non è la parte più interessante della sua storia. La parte più interessante è che egli sopravvisse.

Cresciuto a Milano, Sebastiano si trasferì a Roma nell'anno 283 circa, in modo da poter segretamente assistere i cristiani lì residenti, che stavano subendo una pesante persecuzione per mano dell'impero. Divenne ufficiale nella guardia imperiale, una posizione che gli consentì di far visita in prigione ai cristiani che erano stati condannati a morte e incoraggiarli in segreto a restare saldi nella fede. Nel 286 l'imperatore Diocleziano scoprì che Sebastiano era cristiano e ordinò a uno squadrone di arcieri di giustiziarlo. Trafitto da numerose frecce, fu dato per morto e abbandonato.

Ora viene il resto della storia. Sant'Irene, anche lei ben consapevole della persecuzione dei cristiani – suo marito era stato martirizzato –, uscì a recuperare il corpo di Sebastiano e invece lo trovò vivo. Lo prese sotto le proprie ali e miracolosamente egli tornò in salute.

Sebastiano deve aver creduto che Dio lo avesse guarito per un motivo. Non appena si rimise, si incamminò lungo un sentiero dove sarebbe passato Diocleziano, in modo da poter avvertire l'imperatore che la sua anima era in pericolo. Scioccato dalla vista dell'uomo che

[5] G. Caldarelli (ed.), *Atti dei martiri*, Paoline, Alba 1975.

pensava di aver ucciso, Diocleziano ordinò che Sebastiano venisse bastonato a morte. Questa volta, Sebastiano non sopravvisse.

Nonostante l'eroismo di Sebastiano, la vita del santo noto per essere stato «martirizzato due volte» avrebbe poco significato per me se non fosse per le intuizioni di un artista e blogger cattolico che fu sodomizzato da ragazzino. Terry Nelson usa arte e scrittura per elaborare il proprio dolore, che deriva non soltanto dall'abuso in sé, ma anche dalla mancanza di protezione e comprensione da parte della sua famiglia. Vede in Sebastiano «un'allegoria di quello che succede a una persona che sia stata vittima di abusi sessuali nell'infanzia»:

> Parlando con un'amica che era stata abusata e degradata da bambina, discutevamo della questione dell'identità e dell'immagine di sé... La mia amica sta sperimentando grandi passaggi di autoconoscenza e accettazione, accompagnati da una meravigliosa libertà di spirito. A volte, comunque, le ferite le si riaprono e attraversa momenti difficili in cui deve gestire il dolore fisico e morale e la rabbia – nonché il senso di solitudine e di isolamento derivante dal veder la propria immagine di sé sfigurata dall'abuso. Ho citato la mia concezione di san Sebastiano, che in un certo senso era morto, solo per essere riportato in vita, e però restavano le stimmate delle sue ferite...
>
> L'ho paragonato al mistero dei santi che hanno effettivamente ricevuto le stimmate, che si aprivano e sanguinavano il venerdì e nelle feste della Passione. In modo analogo, credo che la persona vittima di abusi, durante il percorso di recupero, forse per tutta la vita,

> rivivrà periodicamente l'evento con tutto il suo dolore e la sua sofferenza – soltanto ora, credo che la persona possa magari avere una migliore consapevolezza di chi essa sia, di che cosa le sia accaduto e di che cosa significhi il dolore... [In tal modo] la sofferenza diventa redentiva e terapeutica[6].

Le stimmate che menziona rappresentano un altro modo in cui Dio consente ad alcuni santi di raggiungere un'unione più profonda con Cristo. Alcuni santi che hanno le stimmate le ricevono sotto forma di vere e proprie ferite fisiche che somigliano alle cinque ferite di Cristo sulla Croce, mentre altri ricevono quelle che sono volgarmente note come «stimmate invisibili», avvertendo il dolore di tali ferite ma senza tagli o sanguinamento. Studiando i santi che ebbero esperienze simili alle vittime di abuso sessuale infantile – particolarmente quelli che sono stati oggetto di abusi fisici o psicologici in casa – ho scoperto che un numero sproporzionato di loro ricevette le stimmate. Santa Caterina e santa Gemma Galgani ricevettero stimmate visibili, mentre santa Margherita da Cortona, santa Rosa da Lima e santa Margherita Maria Alacoque ricevettero tutte il genere di stimmate invisibili. Ciascuna di queste sante da bambina subì un abuso di qualche tipo da uno o più parenti prossimi, e ciascuna di esse, tramite la sofferenza in unione con Cristo, giunse successivamente a scoprire una grande gioia. È come se, anche prima di ricevere le stimmate, i loro cuori fosse-

[6] T. Nelson, *Que muero Porque no Muero* [Muoio, perché non muoio, canzone di Jerry Rivera], 11 ottobre 2006, abbey-roads.blogspot.com/2006/10/que-muero-porque-no-muero.html.

ro stati già trafitti. Ciò che sappiamo del loro itinerario spirituale suggerisce che le impronte della Passione che esse ricevettero – che fossero visibili oppure invisibili – dettero un senso nuovo alle afflizioni che già avevano patito.

All'età di otto anni, santa Gemma Galgani (1878-1903) subì il duplice trauma di perdere l'adorata madre, vittima di tubercolosi, e di conseguenza di essere mandata dal padre in lutto a vivere con una zia. Più tardi, scrivendo al suo direttore spirituale, descrisse la propria condotta a casa della zia come «sempre cattiva», il che (presupponendo che si giudicasse correttamente) è comprensibile considerando a quanto stress psicologico fosse sottoposta all'epoca.

Come esempio del suo «cattivo» comportamento, Gemma citava un episodio che capitò quando sua zia le disse di portare qualcosa dal figlio. Il ragazzo di quindici anni era seduto sul suo cavallo quando la ragazzina si avvicinò. Gemma racconta cosa accadde subito dopo:

> Quando gli portai [quell'oggetto], mi pizzicò e gli diedi una spinta così forte che cadde da cavallo e si fece male alla testa. Mia zia mi legò le mani dietro la schiena per un giorno intero. Ero così arrabbiata e gli dissi che mi sarei vendicata ma non lo feci[7].

Leggendo il suo resoconto dell'episodio, non riesco a fare a meno di simpatizzare per questa bimba fragile orfana di madre, separata dal padre, trattata con du-

7 Suor S. Michael, *Portrait of St Gemma* [Ritratto di santa Gemma], P.J. Kennedy & Sons, New York 1949, p. 7.

rezza da un cugino adolescente, e poi punita per aver reagito a un'intrusione fisica non provocata. Il fatto che reagisse con tanta forza da disarcionare il ragazzo dal suo cavallo, e perché deve essersi sentita terribilmente minacciata.

Si potrebbe affermare che l'infanzia di Gemma fu più lunga del solito, per il fatto che la sua salute sempre più fragile la abbandonò in perenne stato di dipendenza. Quanto ci è stato trasmesso riguardo ai membri della sua famiglia suggerisce che, a parte i genitori, molti di loro la trattassero con scarsa sensibilità e qualche volta con assoluta crudeltà. Una volta, quando Gemma aveva circa ventun anni, uno dei suoi fratelli ebbe uno scatto di rabbia perché voleva andare a teatro e non aveva i soldi. Quando lei tentò di calmarlo, lui le fece un occhio nero.

Per le persone cui manca l'amore familiare, la tentazione è quella di indurire il proprio cuore, di sviluppare un guscio di cinismo come mezzo di tutela personale. Fu questa la strategia adottata da Gemma. Poi, sotto la guida della grazia, la sua esperienza di isolamento dall'amore della famiglia la condusse a cercare sicurezza nell'amore di Dio.

Le sue stimmate erano la risposta a una serie di preghiere che fece: essendole stata concessa una visione straordinaria di Gesù sanguinante sulla Croce, desiderava ardentemente ricambiare il suo amore. Scrisse al suo direttore spirituale:

> Due sentimenti e due pensieri nacquero nel mio cuore dopo la prima volta che Gesù mi si manifestò e mi fece vedere il suo sangue che scorreva. Il primo fu di amarlo al punto di sacrificarmi... La seconda cosa che nacque

> nel mio cuore, dopo aver visto Gesù, fu un gran desio di soffrire per lui, giacché aveva sofferto tanto per me[8].

Più di duecento anni prima, nel 1674, la monaca francese santa Margherita Maria Alacoque ebbe una visione simile che risvegliò in lei il desiderio di ricambiare «amore per amore». Nelle parole di Margherita Maria stessa:

> Una volta, in un giorno dell'ottava, mentre ero davanti al santo Sacramento, ricevetti dal mio Dio grazie straordinarie e mi sentii toccare dal desiderio di ricambiarlo in qualche modo e di rendergli amore per amore. Lui mi disse: «Non puoi darmi amore più grande che fare quanto già tante volte ti ho chiesto». Allora, rivelandomi il suo Cuore divino, aggiunse: «Ecco questo Cuore che ha tanto amato gli uomini, che non si è mai risparmiato, fino a spossarsi e a consumarsi al fine di testimoniar loro il suo amore. Per riconoscenza ricevo dalla maggioranza degli uomini solo ingratitudini, irriverenze e sacrilegi, insieme alla freddezza e al disprezzo che usano in questo sacramento d'amore».
>
> [Gesù] mi ha svelato le ferite del suo amore puro, e a quale eccesso l'avesse portato per amore degli uomini, dai quali aveva ricevuto soltanto ingratitudine. Il nostro Signore allora disse: «Questo è molto più doloroso per me di tutto quanto ho sofferto nella mia Passione. Se gli uomini mi restituissero un po' di amore in cambio, stimerei poca cosa tutto quello che ho fatto per loro, e

[8] Cfr. *Lettere di S. Gemma Galgani disposte e annotate per cura della Postulazione dei Padri Passionisti*, Postulazione dei Padri Passionisti, Roma 1941.

desidererei, se mai potesse accadere, di patirlo di nuovo. Ma essi rispondono al mio amore appassionato con freddezza e rifiuti»[9].

Gesù concluse il proprio messaggio a Margherita Maria con una richiesta: «Ti prego almeno di consolarmi e rallegrarmi dando il più possibile per compensare la loro ingratitudine».

Trovo queste ultime parole avvincenti. Ecco una monaca di ventisei anni, sopravvissuta a un trauma infantile, che vive una vita assolutamente ingloriosa nel silenzio del chiostro, a cui viene personalmente affidata la missione più grande al mondo: amare Gesù. Come Gesù è morto per tutta l'umanità, quest'unica donna viene scelta per rappresentare le innumerevoli anime che mancano di esprimere la gratitudine dovuta al Redentore. È proprio la figliola rifiutata che il Padre – tramite il suo Figlio incarnato – desidera di più tenere in braccio.

[9] La prima parte della citazione integrativa è tratta da M.M. Alacoque, *Vita scritta da lei stessa*, Sellerio, Palermo 1997, pp. 123-124; il testo riportato dalla Eden è tratto, secondo la sua nota, da: E. Bougaud, *The Life of St. Margaret Mary Alacoque*, TAN Books, Rockford IL 1990, p. 169, cui segue nella stessa nota la precisazione qui di seguito [*ndt*]. Il ricordo di S. Margherita Maria Alacoque ricade nella categoria delle rivelazioni private ufficialmente riconosciute. Il *Catechismo* afferma: «Lungo i secoli ci sono state delle rivelazioni chiamate "private", alcune delle quali sono state riconosciute dall'autorità della Chiesa. Esse non appartengono tuttavia al deposito della fede. Il loro ruolo non è quello di "completare" o di "migliorare" la Rivelazione definitiva di Cristo, ma di aiutare a viverla più pienamente in una determinata epoca storica» (*Catechismo della Chiesa Cattolica*, art. 67). In altre parole, mentre i fedeli non sono tenuti a credervi, le rivelazioni ufficialmente riconosciute possono aiutarli a vivere meglio la vita cristiana.

Durante i lunghi anni da giovane adulta, quando stavo tentando, fallendo, di credere che Dio mi amava, un giorno la luce filtrò finalmente nel mio mondo attraverso il veicolo più inaspettato: un'opera letteraria.

Cominciò nel dicembre 1995, quando ero una giornalista ventisettenne esperta di musica rock e stavo conducendo un'intervista telefonica con un musicista di Los Angeles di nome Ben Eshbach per un servizio di informazione online (*WOW!*, che durò poco). Le canzoni di Ben contenevano riferimenti letterari, per cui sembrò appropriato chiedergli cosa stesse leggendo ultimamente. Tanto l'autore come il romanzo non mi erano familiari – *L'uomo che fu Giovedì* di G.K. Chesterton – per cui decisi di rintracciarne una copia.

Scritto nel 1907, *L'uomo che fu Giovedì* inizia con un dibattito improvvisato tra due poeti in un parco londinese. Uno è un poeta dell'anarchismo e della rivoluzione. L'altro si autodefinisce «il poeta della legge, dell'ordine, anzi il poeta della rispettabilità»[10]. Fu facile scegliere dalla parte di quale personaggio stare. Desideravo essere «creativa» – e, come il poeta rivoluzionario di Chesterton, credevo che la creatività fosse definita dalla ribellione. Per questo motivo, mi sforzavo di essere una ribelle, indossando i vestiti più sfacciati che riuscissi a trovare, condendo la mia conversazione con riferimenti sessuali e vantandomi di essere sessualmente aggressiva. Se non altro, potevo almeno essere come le popstar post-Madonna e i travestiti che i media lodano per essersi creati un'immagine.

Retrospettivamente vedo che la mia maschera da ribelle era una menzogna – inventata nello sforzo di pro-

10 Chesterton, *L'uomo che fu Giovedì*, p. 21 [*ndt*].

teggermi dalle stesse menzogne dei miei abusanti, che avevano lasciato un'impronta sulla mia psiche. L'abuso sessuale infantile prospera sulle menzogne. L'abusante mente alla vittima, mentre la vittima a sua volta, cercando di sopportare le proprie ferite, si trova spesso a vivere una menzogna.

Le menzogne tipicamente iniziano con l'abusante che prova a innestare l'evento nella mente del bambino, sicché il bambino pensa di essere la causa dall'abuso subito. Gesù stesso respinge questo procedimento, condannando la nozione che i bambini tentati da un adulto siano in alcun modo responsabili del proprio abuso: «È inevitabile che avvengano scandali, ma guai a colui per cui avvengono». Guai, cioè, non a chi viene scandalizzato, ma a chi lo scandalizza: «È meglio per lui che gli sia messa al collo una pietra da mulino e venga gettato nel mare, piuttosto che scandalizzare uno di questi piccoli» (Luca 17,1-2).

All'inizio del proprio pontificato, san Giovanni Paolo II fece eco a tale ammonimento. In un messaggio dai toni forti indirizzato a genitori, educatori e operatori dei mass media, il papa scrisse che, «privi di difesa di fronte al mondo ed alle persone adulte, i fanciulli sono naturalmente pronti ad accogliere quel che viene loro offerto, sia nel bene che nel male»:

> Come molle cera, sulla quale ogni pur lieve pressione lascia una traccia, così l'animo dei bimbi è esposto ad ogni stimolo che ne solleciti la capacità di ideazione, la fantasia, l'affettività, l'istinto. Le impressioni, peraltro, di questa età sono quelle destinate a penetrare più profondamente nella psicologia dell'essere umano ed a condizionarne, spesso in maniera duratura,

i successivi rapporti con se stesso, con gli altri, con l'ambiente. È precisamente dall'intuizione di quanto sia delicata questa prima fase della vita che già la sapienza pagana aveva tratto la ben nota indicazione pedagogica, secondo cui «maxima debetur puero reverentia»; ed è in questa stessa luce che si evidenzia, nella sua motivata severità, il monito di Cristo: «Chi scandalizza anche uno solo di questi piccoli che credono in me, sarebbe meglio per lui che gli fosse appesa al collo una macina da mulino e fosse gettato negli abissi del mare» (Mt 18,6)... il Signore si identifica col mondo dei piccoli... egli non li condiziona, non li strumentalizza; li chiama e li fa entrare nel suo progetto di salvezza del mondo»[11].

Nell'osservare che le impressioni ricevute nell'infanzia condizionano nel bambino «i successivi rapporti con se stesso», Giovanni Paolo II affronta un'altra menzogna generata dall'abuso: il rifiuto dell'identità del fanciullo. Quando il bambino non viene trattato in base alla propria reale identità – un essere umano chiamato da Cristo e degno di riverenza – è vulnerabile a sviluppare un senso di sé falso. L'io falso che abitavo durante la mia adolescenza e da giovane adulta, la ribelle sessualmente aggressiva, derivava dalla dissociazione, un meccanismo psicologico di difesa comune nelle vittime di traumi. La mia dissociazione cominciò con l'erronea convinzione che fossi responsabile dell'abuso subito. Sentendomi responsabile, mi sentivo contaminata. Sentendomi contaminata, mi sentivo inferiore.

[11] Giovanni Paolo II, *Messaggio per la XIII Giornata Mondiale delle Comunicazioni Sociali*, 27 maggio 1979.

Sentendomi inferiore, volevo riconquistare un senso di controllo sulla mia vita.

Ecco perché mi dissociavo mentalmente dalla mia identità di vittima a favore di un'identità fittizia, una maschera, in cui mi potessi sentire potente. Dal momento che la mia massima vulnerabilità risiedeva nell'ambito sessuale, scelsi di proclamare – tramite un modo provocatorio di vestire, parlare e comportarmi – che io ero padrona della mia sessualità. Sotto la posa, comunque, rimaneva l'anima di una fanciulletta che desiderava disperatamente sentirsi dire che era apprezzata non per ciò che faceva, ma per chi era.

Così, leggendo *L'uomo che fu Giovedì*, tifavo per il rivoluzionario – finché una frase pronunciata dal suo avversario mi folgorò. In risposta all'affermazione del rivoluzionario che «il poeta sarà sempre un ribelle», il «poeta dell'ordine» insiste sul contrario: «Quel che funziona bene è poesia!»[12].

Le parole volevano essere scioccanti, e lo erano – abbastanza scioccanti da costringermi a fare una pausa e a lasciare entrare in me una scaglia della luce della grazia. In quel momento, desiderai con tutto il cuore sperimentare la guarigione, lasciare che la mia vita fosse ordinata dall'alto, conoscere la *poesia* di non essere malata.

Ci sarebbero voluti altri quattro anni e molto più Chesterton prima che la grazia che aveva cominciato a lavorare in me mi portasse alla conversione. Nel frattempo, andai da uno psichiatra, come facevo da anni. Purtroppo, comunque, come spesso accade con le vit-

12 Chesterton, *L'uomo che fu Giovedì*, pp. 23-24 [*ndt*].

time di stress da trauma, la mia condizione non fu diagnosticata correttamente. Poiché i miei umori oscillavano tra una relativa stabilità e la disperazione suicida, mi fu attribuita una depressione ciclica.

Quando nel 1999, a trentun anni, vidi finalmente la luce della fede cristiana, la prova più drammatica della mia conversione fu la scomparsa della disperazione. L'influsso della grazia divina sulla mia anima mi dette la conoscenza certa che Dio esisteva e che aveva cura di me. Questo era abbastanza per bandire ogni disperazione; promisi di non coltivare più pensieri autolesionistici. L'anno seguente interruppi la terapia; non sembrava esserci bisogno di mantenerla, dal momento che non avevo più sintomi di depressione.

Tuttavia, mentre mi adattavo alla vita della grazia, trovai che la mia guarigione non era poi così completa come pensassi. Sebbene la libertà dalla tentazione di farmi del male sembrasse davvero definitiva, l'ansia rimaneva, angosciandomi talvolta per settimane o addirittura mesi interi.

Quando lo stress diventò troppo forte da sopportare, mi rivolsi ancora alla terapia – questa volta a uno psicoterapeuta cattolico – e cominciai a scendere a patti con la realtà di aver subito abusi sessuali infantili. Ciò condusse finalmente nel 2007 alla diagnosi di disturbo da stress post-traumatico con i suoi sintomi avvertiti per un quarto di secolo (la maggioranza delle vittime di un trauma non sviluppano un Ptsd completo, ma più dell'80% delle vittime di abuso sessuale infantile sperimenterà alcuni sintomi del disturbo stesso)[13].

[13] Briere ed Elliott, *Immediate and Long-Term Impacts of Child Sexual Abuse*.

Fino al momento di ricevere la diagnosi, non mi resi conto che le snervanti risposte emotive che mi colpivano alcune volte all'anno e mi avevano frequentemente tormentato durante la giovinezza fossero flashback. Pensavo che i flashback comportassero una completa perdita di contatto con la realtà. Il mio psichiatra mi spiegò che alcuni malati di Ptsd soffrono di flashback emotivi, dove mantengono il contatto con il presente e al tempo stesso ritornano a un'esperienza traumatica del passato.

Imparare il nome della patologia di cui soffrivo mi sollevò dalla tensione dell'incertezza; ciò, a sua volta, fece diminuire alcuni sintomi. Un anno più tardi, comunque, il mio Ptsd ritornò vendicandosi nel più inaspettato dei luoghi: la facoltà teologica cattolica, dove ero circondata da persone gentili e dedite alla preghiera.

Era da un po' che avevo in mente di tornare a studiare, ma la paura mi tratteneva dal fare il salto. Ciò che mi fece cambiare idea fu la lettura di un saggio di padre Peter F. Ryan, sj, sulla scoperta degli elementi della propria vocazione. Scriveva: «Riguardo alle possibilità future, non possiamo discernere se dovremmo *fare* qualcosa, ma soltanto se dovremmo *provare* a farla... Dio ci chiama soltanto a provare»[14].

Il consiglio di padre Ryan si dimostrò rivoluzionario per la mia vita; ottenni la laurea magistrale in teologia

[14] P.F. Ryan, sj, «How to Discern Elements of Your Personal Vocation» [Come discernere elementi della tua vocazione personale], *Fellowship of Catholic Scholars Quarterly*, 30, 2/2007), p. 13. È possibile consultare la publicazione, scaricandola, all'indirizzo: http://www.catholicscholars.org/QuarterlyList.php?QUarterlyList_page=2 [*ndr*].

da un'università con licenza pontificia e sto attualmente continuando gli studi per arrivare a un dottorato. Comunque, il mio primo anno alla facoltà fu a volte straziante – non per via di qualche mancanza da parte dei docenti o degli studenti, ma perché studiare aggravò il mio stress post-traumatico.

Non sapendo perché i corsi facessero rinascere la vecchia sensazione di nervosismo, da principio pensai che avesse a che fare con la tensione dovuta all'essere circondata da celibi. Quasi tutti i miei professori erano sacerdoti e il novanta per cento dei miei compagni di classe erano uomini giovani che studiavano per il sacerdozio. Da convertita al cattolicesimo le cui scelte di vita precedenti erano meno che ammirevoli, e in particolare da sopravvissuta ad abusi sessuali, avevo profonde insicurezze legate al mio passato. Trovarmi in un clima di uomini che erano – per quanto potessi immaginare – "puri" mi rendeva consapevole della mia colpa. Inoltre, essendo cresciuta in quello che ricordo come un ambiente sessualmente poroso dove ero esposta alla nudità degli adulti e a discorsi a sfondo sessuale, avevo la sensazione di non essere sessualmente calibrata. La mia paura maggiore era che potessi inavvertitamente interagire con uno dei miei docenti o compagni di studi in maniera sessualmente inappropriata, facendo per esempio un'insinuazione o fissando qualcuno troppo a lungo. Interazioni simili potrebbero passare inosservate e non suscitare alcun commento in un ambiente universitario tradizionale, ma verrebbero senz'altro notate in un seminario cattolico.

Giunta al secondo semestre, la mia autocoscienza si era calmata. Professori e compagni di corso erano diventati più familiari e sembravano meno simili a esseri soprannaturali puri e più uomini comuni chiamati a un itinerario di perfezione straordinario. Comunque, la mia tensione emotiva perdurò e anzi peggiorò. Con una capacità di resistenza che sembrava miracolosa, riuscivo a restare calma in classe, ma appena attraversavo la strada per pranzare nella mensa di un'università vicina, scoppiavo in lacrime.

Che problema avevo? L'avrei scoperto un giorno attraverso un flashback – non di tipo emotivo, ma un *déjà-vu* che fece momentaneamente scomparire la realtà.

Lo sentii montare durante una lezione di storia. Il professore stava parlando di Filippo Hesse, un signore tedesco che fece con successo pressioni su Martin Lutero per condonargli il fatto di aver preso una seconda moglie mentre era ancora sposato con la prima. Filippo, spiegò il professore, diceva che era necessario che prendesse una seconda moglie perché era incapace di controllarsi sessualmente.

Non vi era niente di pruriginoso nel modo in cui il professore raccontò la storia – nessun sorrisetto beffardo o ammiccamento, nessuna battuta o dettaglio sessuale superfluo. Il suo tono era altrettanto serio di quando discuteva la guerra dei cent'anni. Tuttavia, nel momento in cui menzionò la mancanza di autocontrollo sessuale da parte di Filippo, sentii montare in me un violento flashback.

Perché ora? pensai. Ma non riuscii a conservare l'energia mentale necessaria per capirlo. Tutta la mia energia mentale doveva essere impiegata per gestire la minaccia latente delle lacrime. Diedi un'occhiata da lontano alla porta. Tutto quello che dovevo fare era alzarmi e correre per un metro e mezzo e sarei stata nell'atrio, un metro e mezzo ancora e sarei stata nel bagno delle donne. Ma allora avrei perso il resto della lezione e avevo già utilizzato tutte le assenze a mia disposizione per il semestre.

Se soltanto riesco a trattenere le lacrime, riuscirò a farcela fino alla fine... Arrossii. Feci un respiro e portai la mano destra alla fronte, fingendo di combattere un mal di testa, mentre mi asciugavo gli occhi. Se il professore notò qualcosa non lo mostrò; continuò la sua lezione, mentre io mi rimisi abbastanza da immergermi negli appunti.

Due ore dopo, ero in piedi al binario della metropolitana, in attesa del treno che mi avrebbe riportato a casa, e mi sentivo strana. C'era quel senso di nervosismo, ma anche qualcosa d'altro. La mia mente si sentiva come uno schedario con una scheda fuori posto. Era successo qualcosa che non avevo completamente elaborato.

Tirando fuori il mio bloc-notes, cominciai a scrivere una pagina di diario nello sforzo di ritornare sui miei passi. La prima cosa che mi tornò in mente fu il viaggio sul taxi che avevo preso per l'università, avendo perso il treno del mattino. Poi, durante la lezione di storia...

Improvvisamente, per una frazione di secondo, non ero più al binario. Avevo sei o sette anni, seduta nel mio abitino da *Alice nel Paese delle Meraviglie* sul tappeto verde slavato che andava da parete a parete, nella stanza di mia madre. Lei aveva preso un fascicolo dal suo vetusto schedario di metallo e ne aveva estratto un foglio di carta velina sul quale erano battute alcune righe sconnesse. Me le stava leggendo, declamando in modo enfatico – era davvero così? O forse mi aveva soltanto dato la poesia da leggere, e stavo immaginando nella mia testa la sua voce mentre analizzavo quei pochi versi.

Tornai alla realtà con uno scossone. Quando un neonato subisce un infortunio, c'è un momento breve e sconvolgente in cui rimane totalmente in silenzio – poi la sua bocca si apre in un lamento. Allo stesso modo, mi ero sentita raggelare per un momento mentre recuperavo l'orientamento al binario della metropolitana. Il faro anteriore di un treno era visibile in lontananza, mentre si avvicinava inesorabilmente. Con i pendolari intorno non potevo sfogarmi, eppure le lacrime cominciarono a scorrere.

Ciò a cui ero tornata con il flashback era il pomeriggio in cui mia madre mi indusse a leggere la sua poesia. Aveva intrapreso l'arte poetica durante la separazione da mio padre, quando stava esplorando nuovi modi di esprimere se stessa. La poesia, che mia madre non si ricorda di aver scritto, si stagliava nella mia memoria perché a quel tempo non la capii ed ebbi bisogno che mia madre me la spiegasse. Utilizzava uno slang osceno per descrivere una certa pratica dei prigionieri maschi incapaci di controllarsi sul piano sessuale.

Piangevo a dirotto in metropolitana, mentre i miei compagni pendolari fingevano di non notarmi. Tuttavia, mentre il dolore del ricordo bruciava, vi era una sensazione di sollievo e una sorta di libertà. *Lo credo che mi sono sentita così ferita*, pensai. *Sono ferita. Non ho nulla di cui vergognarmi.*

Ancora più liberante fu l'intuizione del motivo per cui il flashback iniziò proprio in quel momento e in quel luogo precisi. La chiave, mi resi conto, era la memoria. Durante la lezione di storia, più che in qualsiasi altro corso stessi frequentando, dovevo immagazzinare aneddoti a una sconcertante varietà di livelli – informazioni quali chi disse cosa e a chi, dove lo disse e perché. Inoltre, per far bene agli esami, non soltanto dovevo ricordare singoli nomi, date e luoghi, ma dovevo anche identificare i nessi causali tra eventi successi in Paesi diversi in tempi diversi. La mia memoria stava affrontando sfide differenti da quelle che affrontava dai tempi dell'infanzia. Naturalmente, il bisogno di creare nuovi nessi provocava il formarsi di nuovi percorsi neuronali dove non si formavano da anni – e forse nel corso dell'operazione colpì le mine di ricordi soppressi da lungo tempo.

Quest'intuizione non alterò la mia vulnerabilità ai flashback. Ciò che effettivamente cambiò, come rimuginai nel tempo, fu la mia *paura* di averli. Mi resi conto che la cosa più importante nella mia vita di studio all'epoca era seguire la mia «vocazione a tentare» (per usare l'espressione di padre Ryan). Se Dio mi stava davvero chiamando a studiare – come credevo stesse facendo –, allora voleva che *tentassi* di assorbire quanto veniva insegnato in classe, anche se il farlo aveva dolorosi effetti collaterali. Offerti a Dio, i miei sintomi di stress post-trauma avrebbero cessato di essere un dolore senza scopo. Sarebbero diventati un sacrificio.

Mentre imparo a riconoscere potenziali inneschi, i miei flashback stanno diminuendo e distanziandosi nel tempo. Comunque, ogni tanto, ricevo un sollecito della mia vulnerabilità. L'ultimo è arrivato tre mesi fa, ora che scrivo il libro, ed è stato di nuovo in università – ma stavolta era diverso.

Mentre chiacchieravo con un membro della facoltà un pomeriggio dopo le lezioni, dissi qualcosa che pensavo fosse totalmente innocuo – ma apparve offensivo. La reazione fu improvvisa; il volto del membro della facoltà si rabbuiò, e non ebbe più nulla da dire. Non diede alcuna indicazione del motivo per cui trovò offensive le mie parole, e per conto mio fui troppo imbarazzata per chiederglielo, per cui mi scusai rapidamente e scappai giù per le scale.

Normalmente mi trovo a mio agio a conversare con qualcuno che è investito di un'autorità su di me; so gestire la situazione quando qualcuno reagisce negativamente nei miei confronti; e riesco a tollerare qualcuno che cambia inspiegabilmente il proprio atteggiamento. Ma se metti insieme tutti questi elementi, ecco la tempesta perfetta.

Ai piedi delle scale, con il cuore in gola, ero di fronte a una scelta. Alla mia destra c'era la biblioteca. Se fossi andata lì, magari sarei riuscita a distrarmi, a fare del mio meglio per trattenere il flashback, a finire qualche compito – e a soffrire tornando a casa.

Alla mia sinistra c'era la cappella. Se fossi andata lì, non si può dire per quanto avrei pianto e chi mi avrebbe potuto vedere.

Con una spinta, forse, da parte del mio angelo custode, girai a sinistra. Trovando un posto libero in fondo alla cappella, mi gettai in ginocchio. Vi era una sola altra persona là, un seminarista, a una certa distanza, per cui cominciai a far scorrere le lacrime nel modo più silenzioso possibile.

Di fronte a me, nell'abside, potevo scorgere la luce della lampada del tabernacolo – il segno della presenza di nostro Signore nel Santissimo Sacramento. Una piacevole immagine della mia infanzia balenò per un istante mentre ricordavo la *ner tamid*, la «lampada perenne» appesa davanti all'arca in ogni sinagoga.

Quando le lacrime cominciarono a scorrere, sussurrai: «Caro Gesù, so che posso scegliere di patire questo con te, o senza di te. Scelgo di patirlo *con* te. Non abbandonarmi!»

Piansi a dirotto, preoccupata che mi sentissero; smisi di preoccuparmi e piansi ancora un po', finché gli ormoni di attacco o fuga che sfrecciavano nel mio sistema si dissolsero. Tuttavia, nell'alzarmi, mentre ancora scorrevano le ultime lacrime, mi sentii diversa dalle altre volte in cui avevo sofferto di flashback. Per la prima volta, sentivo che, anche nella sofferenza più profonda, non ero sola. Nell'antica espressione citata da papa Benedetto, «Dio non può patire, ma può *compatire*»[15].

Quando finalmente uscii dalla porta della cappella, non riuscivo a capire se quelle ultime gocce fossero lacrime di dolore, o di gioia. Forse erano entrambe.

[15] Benedetto XVI, *Spe salvi*, 39.

4

L'AMORE CHE TRASFORMA

Imparare il vero significato dell'infanzia spirituale – con santa Teresa di Lisieux

C'era un piccolo giardino con i fiori e uno steccato verniciato; lì accanto, nel fosso, in mezzo alla più splendida erba verde, cresceva una piccola pratolina; il sole splendeva caldo e bello su di lei così come sui grandi, ricchi, bellissimi fiori del giardino, e perciò la pratolina cresceva di ora in ora. Un mattino era completamente sbocciata con i suoi piccoli petali luminosi e bianchi, che circondano come raggi il piccolo sole giallo. La pratolina non pensava affatto che lì in mezzo all'erba nessuno la vedeva e che era un fiore povero e disprezzato; no, era molto soddisfatta, si volse dritto verso il sole caldo, sollevò lo sguardo e ascoltò l'allodola che cantava.

Hans Christian Andersen, *La pratolina*[1]

Avevo visto molte cose bizzarre nei miei primi tredici anni, ma l'oggetto che si parò davanti ai miei occhi un pomeriggio del 1982 doveva essere uno dei più bizzarri: una scatola regale ornata e decorata, che conteneva una parte minuscola del corpo di una donna che era morta da ottantacinque anni.

[1] Andersen, *Fiabe e storie*, p. 104 [*ndt*].

La scatola era appoggiata sulla scrivania della mia migliore amica Stephanie; suo padre gliel'aveva portata da Roma come regalo per la Cresima. Essa conteneva una reliquia della monaca carmelitana da lei prescelta come santa patrona della sua Cresima, santa Thérèse de Lisieux, anche se Stephanie scriveva il suo secondo nome di cresimanda come l'omonima di Thérèse, Teresa d'Avila.

Dal giorno in cui ci incontrammo per la prima volta a pranzo nella mensa della scuola media, Stephanie e io sapemmo di essere sorelle spirituali – nate proprio lo stesso giorno, a poche ore soltanto di distanza l'una dall'altra. Dato che lei e io avevamo deciso di essere simili in più cose possibili, guardare quella sua scatolina e sapere che cosa contenesse rappresentava per me uno strano invito a ricordarmi delle differenze d'estrazione culturale che c'erano tra noi. Nella mia famiglia, eravamo affezionati ad alcuni *memorabilia* appartenuti a parenti deceduti, ma non avremmo mai immaginato di conservare frammenti dei parenti stessi, men che meno di qualcuno con cui non eravamo imparentati affatto.

Stephanie sentiva chiaramente che la reliquia, racchiusa in un pendente di plastica, era qualcosa di speciale, benché non riuscisse a spiegarmi esattamente il motivo. Dopo avermi permesso di soddisfare la mia curiosità esaminandola, passammo a parlare del suo nome di Cresima. Anche quello era per me una novità. L'anno precedente avevo ricevuto molti regali in onore del mio bat mitzvah, ma niente di così grandioso come un'aggiunta alle mie iniziali.

«Quindi ora ti chiami Stephanie Suzanne Teresa Wimmer», riflettei. «S.S.T.W.»

Stephanie sorrise. «Mia zia dice che sta per...», e qui scoppiò a ridere, «Super Sonic Transporter Woman».

Scoppiai anch'io a ridere. La risata di Stephanie era una delle cose più adorabili di lei. Quasi un'ottava sotto la sua voce quando parlava, le emergeva come un'onda di sussulti dal profondo delle viscere. Pochi riuscivano a sentirla senza sciogliersi in una risata anche loro. Qualche volta i suoi amici, sentendola nella mensa della scuola, provavano con gran divertimento a imitarla, il che naturalmente faceva ridere Stephanie ancora più forte. All'epoca non lo sapevo, ma il modo spontaneo di abbandonarsi alla gioia del momento presente era un dono che aveva in comune con la sua patrona celeste.

La parola *reliquia* deriva dal latino *reliquus*, che significa "resto", "residuo", che a sua volta viene dal verbo *relinquere* "lasciare indietro". Ha un senso un po' particolare giacché, per lasciare indietro qualcosa, bisogna andare da qualche parte. Per cui le reliquie di un santo rappresentano quello che ha «lasciato indietro» sulla terra quando l'anima ha compiuto il suo viaggio verso il Cielo.

Al tempo stesso, la Chiesa venera le reliquie perché essa crede [che la costituzione dell'uomo] sia «unità di anima e di corpo»[2]. Sebbene nel momento presente le anime di coloro che sono morti esistano separatamente dai loro corpi, tale separazione non è naturale e non permarrà per sempre. Nelle parole del *Catechismo*: «Il corpo dell'uomo partecipa alla dignità di "immagine di Dio": è corpo umano proprio perché è animato dall'anima spirituale, ed è la persona umana tutta intera ad essere

[2] Concilio Vaticano II, *Gaudium et spes*, 14, 1.

destinata a diventare, nel corpo di Cristo, il tempio dello Spirito... [ogni anima spirituale] non perisce al momento della sua separazione dal corpo nella morte, e di nuovo si unirà al corpo al momento della risurrezione finale» (*Catechismo della Chiesa Cattolica*, artt. 364, 366).

Dagli inizi della Chiesa, i cristiani difesero l'unità di corpo e anima contro sette eretiche che sostenevano un dualismo – la credenza che corpo e anima siano completamente separati. Tali sette, comprendenti i manichei e gli gnostici, ritenevano che la materia fosse in sé cattiva; pertanto, non era connaturato all'anima l'unirsi al corpo. Secondo la loro opinione, il corpo costituiva un mero strumento, da usare e infine da scartare. Contro tali errori, la Chiesa, parlando per voce di maestri quali sant'Agostino – un ex manicheo che si convertì al cristianesimo –, promuoveva la bontà essenziale del Creato. Il peccato originale intaccò questa bontà, ma non la distrusse.

L'eresia dualista prospera tutt'oggi, particolarmente tra gli atei e coloro che si definiscono "spirituali ma non religiosi". Gli "spirituali ma non religiosi" credono, come gli gnostici, che il loro corpo esista soltanto come guscio da trascendere. Gli atei vanno oltre e propongono una filosofia detta materialismo – l'idea che la persona umana sia solo un insieme di elementi chimici, privo di un elemento spirituale.

Il mio amico Colin, che come me è sopravvissuto all'abuso sessuale infantile, coltivava opinioni materialistiche quando studiava Cartesio all'università. Soffrendo di depressione e curandosi da solo con l'alcool, era lontano dalla fede cattolica sin dalla sua infanzia. A proposito della sua *forma mentis* durante quel periodo oscuro scrive:

> Le mie tendenze gnostico-manichee... in tutta la mia vita mi hanno spesso condotto a adottare una visione dualistica di me stesso, in cui il "vero" io è il mio io mentale e spirituale, mentre il corpo rappresenta il guscio nel quale "io" risiedo. Al massimo, tendevo a vedere "me stesso" come limitato alla mia testa, con il resto del corpo che agisce come una sorta di apparato meccanico per trasportarmi in giro e che mi assilla con i suoi incessanti appetiti[3].

Colin descrive giustamente uno dei lati oscuri della filosofia materialista. Negando la parte spirituale della persona, i materialisti non riescono a spiegare il mistero della coscienza umana – come un insieme di elementi chimici possa essere cosciente di essere diverso da un altro. Per il materialista, quando si tratta di identità individuale, non c'è alcuna «entità»; nessun «io» reale che sto scrivendo questo libro, e nessun «voi» reale che lo state leggendo (questa convinzione, ahimè, non impedisce ai materialisti di tentare di scrivere bestseller).

È il modo in cui conosciamo e sperimentiamo le cose, allora, che sbugiarda il materialista. In ogni persona, l'intelletto, la comprensione e la volontà non esistono in un vuoto; essi sono *incarnati*. Quando sono in piedi in una carrozza affollata della metropolitana, so che è il *mio* alluce che è stato calpestato, perché sento il dolore. Qualcuno non ha soltanto calpestato il mio alluce; hanno calpestato *me*. Al tempo stesso, sono

[3] C. O'Brien, *Dualism, Zombies, and Persistently Conscious Heads* [Dualismo, zombie e teste ostinatamente presenti], 7 giugno 2009, www.sparrowfallen.blogspot.com/2008/06/dualism-zombies-and-persistently.html.

conscia che la persona che mi ha calpestato l'alluce è qualcosa che *non* è me. Se fosse soltanto un caso che la mia anima sia collegata al mio corpo, e non vi fosse unita nella maniera più profonda e intima, come saprei di essere separata da chiunque altro? Come sentirei un assalto al mio corpo come un assalto a me stessa? È la conoscenza elementare dell'unità personale di corpo e anima che mi permette di funzionare quale essere umano e di intrattenere relazioni con altri.

Quando riconosciamo l'unità di corpo e anima come elemento fondamentale per la natura umana, riusciamo anche a intuire maggiormente la ragione per cui la Chiesa venera le reliquie dei santi. Esse ci ricordano la resurrezione generale che verrà nell'ultimo giorno quando, in ogni credente risorto, la gloria dell'anima tracimerà nel corpo[4].

Colin è tornato alla Chiesa poco più che ventenne e ha trovato conforto nella concezione cattolica secondo cui «siamo esseri incarnati e i nostri corpi sono noi stessi tanto quanto lo sono le nostre menti»[5]. Ha scoperto anche, con suo grande piacere, come le rappresentazioni artistiche tradizionali dei santi riflettano tale concezione del corpo, talora in maniere sorprendenti. Per esempio,

> L'icona di San Dionigi ritrae un'aureola sia attorno alla testa mozzata sia sul corpo amputato, laddove precedentemente era attaccata la testa, come a reiterare la verità teologica che il vescovo-martire di Parigi fu san-

4 Si veda Tommaso d'Aquino (san), *Summa Theologiae*, III (supplemento), q. 85, a. 1.

5 O'Brien, *Dualism*.

> to non soltanto nella mente e nello spirito, bensì anche nel corpo. È questo riferimento particolarmente cattolico al corpo che potrebbe portare gli altri a considerarci appassionati al macabro con le nostre reliquie... e i nostri crocifissi, che ritraggono con crudezza l'Uomo che si è consegnato alla morte per il perdono dei peccati. Abbiamo bisogno di continui solleciti per ricordarci come la nostra umanità comporti l'essere incarnata, che i nostri corpi sono noi stessi, e non soltanto un nostro possesso di cui disporre come ci pare e piace[6].

Le anime dei santi in Paradiso attendono il giorno in cui saranno riunite ai loro corpi, e tuttavia godono di una beatitudine perfetta[7]. Avendo Dio, non avvertono alcuna mancanza. Qui sulla Terra, comunque, la felicità e la santità personali comportano l'integrazione completa tra corpo e anima. Se tento di ostacolare l'unità di anima e corpo, posso provocarmi il male più profondo.

Saperlo mi fa capire meglio l'agitazione che ho sperimentato negli anni in cui, soffrendo di dissociazione mentale, commettevo atti autolesionistici in privato e indossavo una maschera falsa in pubblico (si vedano i capitoli 1 e 3). Come ho osservato precedentemente, l'impulso di tagliarmi derivava dal desiderio di staccare la mente dalla sofferenza. La spinta all'autolesionismo era in questo senso una sorta di riconoscimento perverso che la mia anima e il mio corpo non erano sincronizzati. Ma era davvero perverso, perché in qualsiasi situazione – sia essa personale o comunitaria – la

6 *Ivi*.

7 Si veda Tommaso d'Aquino (san), *Summa Theologiae*, I-II, q. 4, a. 5.

risposta alla violenza non è mai la violenza stessa. È la pace. Ciò di cui avevo veramente bisogno non era torturare il corpo, ma tranquillizzare la mia anima.

Lo stesso discorso valeva quando, desiderando sfuggire alla mia identità di vittima di abusi, tentavo di creare una mia persona fittizia alternativa. Ancora, il mio desiderio inconscio era quello di correggere una dolorosa dicotomia tra come mi sentivo dentro e come ero fuori. Ancora, reagii portando il mio squilibrio all'esterno, quando la cosa più curativa sarebbe stata portare equilibrio all'interno.

Ora che so che la mia identità va trovata in Cristo, mi rendo conto dell'importanza di evitare di prendere la patologia come punto di partenza per il mio agire. Resta però la sfida di imparare a prendere come punto di partenza del mio agire il *benessere*, perché il mio benessere coesiste con le mie ferite.

Mentre scrivo, sono riportata a un momento in cui avevo quattro anni e mezzo. Sono nata con un problema di strabismo, un difetto della vista che mi faceva incrociare gli occhi. Quando avevo soltanto un anno, i miei genitori mi fecero operare per correggere questo difetto. Sarò loro per sempre grata di avermi procurato il trattamento di cui avevo bisogno, perché senza di esso sarei diventata cieca. Comunque, l'operazione riuscì soltanto parzialmente; i miei occhi non erano più incrociati, ma i muscoli del sinistro rimasero deboli. Di conseguenza, sviluppai un'ambliopia strabica, che fece apparire "pigro" l'occhio sinistro.

La cosa interessante dell'ambliopia strabica è che la condizione ha origine non nell'occhio stesso, ma, piuttosto, nel tentativo del cervello di compensare lo strabismo. Nello strabismo infantile, il cervello del bambino riceve dagli occhi immagini disallineate. La difesa subconscia del cervello è di ignorare l'immagine proveniente dall'occhio più debole – sopprimendola a favore dell'immagine dell'occhio più forte. L'esito di questo è l'ambliopia strabica, dal momento che l'occhio la cui immagine è soppressa diventa l'"occhio pigro". Se il difetto non è corretto prima dei dieci anni, può risultarne una perdita visiva permanente, dovuta al fatto che il cervello del bambino si abitua a sopprimere l'occhio pigro.

Quando avevo quattro anni e mezzo, si rivelò necessaria una seconda operazione agli occhi. L'oftalmologo disse ai miei genitori che, prima di poter avviare la procedura, avrei avuto bisogno di indossare una benda sugli occhi per parecchi mesi, alternando ogni giorno l'occhio coperto, per sviluppare i muscoli. Questa strategia era mirata a interrompere l'abitudine del mio cervello alla soppressione, di modo che l'operazione avesse maggiori probabilità di successo. Affinché non sembrassi un pirata, i miei genitori optarono per farmi portare una benda adesiva monouso – essenzialmente un grande cerotto a forma di occhio.

C'è bisogno che dica che quella benda la *odiavo*? Qualsiasi bambino di quattro anni lo farebbe, ma io la detestavo particolarmente, perché in quel periodo ormai stavo cominciando a leggere e la mia passione erano i fumetti. Per cui, l'immagine che mi viene in mente oggi è quella di un giorno in cui torno dall'asilo con la benda sull'occhio dominante (il destro). La mamma non sta badando a me perché è immersa nella visione di un noioso programma televisivo intitolato *Watergate*, che stanno trasmettendo in diretta su tutti e tre i canali. Accorgendomi dell'opportunità, afferro la sezione fumetti del giornale di quel giorno dal tavolo della cucina. Poi mi allontano di soppiatto nella mia stanza, chiudo la porta, mi metto a pancia in giù sul copriletto e sollevo delicatamente l'angolo della benda dall'occhio destro, per leggere meglio quello che Piperita Patty sta dicendo a Charlie Brown. So che quello che sto facendo è sbagliato, ma la tentazione è troppo grande. È tanto più facile leggere con l'occhio forte che con l'occhio debole, l'occhio che va rinforzato se voglio preservarmi la vista.

Guardandomi indietro, vedo come la tentazione di togliere la benda assomigli alla tentazione di sfuggire alla mia patologia. Quando usai illecitamente il mio occhio destro per leggere i fumetti, stavo in effetti distraendomi – sopprimendo una parte debole e vitale di me stessa. Nell'immediato la mia segreta ribellione mi consentì di leggere con maggiore facilità, ma in definitiva mise gravemente a repentaglio la mia vista. Analogamente, nell'immediato può sembrare che l'agire spinto dalla patologia possa risparmiarmi dolore e sconforto, ma in definitiva conduce alla cecità morale.

Lasciare che alla base dei miei atti ci sia il benessere equivale a leggere con il mio occhio debole. Riesco a vedere sufficientemente bene da perseguire il mio obiettivo, ma questo richiede grande perseveranza, dal momento che la mia mente – tanto abituata a distrarsi e a reprimere – ha comunque bisogno di guarire. Ma se non mi scoraggerò, allora, con il tempo e la grazia di Dio, vivrò rettamente, perché vedrò la verità e vivrò nella verità. «La lucerna del corpo è l'occhio; se dunque il tuo occhio è chiaro, tutto il tuo corpo sarà nella luce» (Matteo 6,22).

Come faccio, allora, il primo passo? Come trovo la forza, quando tutto quello con cui posso lavorare è la debolezza? Quando i ricordi dolorosi innescano reazioni fisiche, come progredisco, come san Paolo, dalla disperazione di abitare un «corpo votato alla morte» (Romani 7,24) alla speranza di camminare «secondo lo Spirito» (Romani 8,4)? Come divento un essere umano pienamente integrato?

Le risposte a queste domande stanno in due grandi libri: il libro della Sacra Scrittura e, alla luce della Scrittura, il libro della natura, creata a immagine di Dio. Il libro della natura ci raggiunge nella sua gloria più piena nelle vite dei santi. Nel manifestare il progetto di Dio per la vocazione completa dell'umanità, i santi ci mostrano che cosa significhi essere pienamente umani[8].

Penso alla Sacra Scrittura come a qualcosa di simile a un globo che mostra una mappa politica dettagliata del mondo – dove sono i Paesi e le città, dove sono le strade principali, e così via. Se la studio, conoscerò qual è la mia destinazione – il Paradiso – e ciò che mi serve per arrivarci. Le vite dei santi somigliano al medesimo globo, ma con una dimensione nuova – un globo *topografico*, che rivela non soltanto il sentiero che devo prendere, ma anche quali picchi e valli posso aspettarmi lungo la strada. Scoprendo che esseri umani deboli come me hanno raggiunto il Paradiso dopo aver attraversato i terreni più tortuosi, ho fiducia che anch'io posso farlo con la grazia di Dio, non importa quanto il viaggio mi metterà alla prova.

Se, allora, cerco di imparare che cosa significhi sentirsi a proprio agio nella propria pelle, ho bisogno di

8 Si veda Concilio Vaticano II, *Gaudium et spes*, 11.

trovare una santa che abbia imparato a stare comoda nella sua pelle, e seguire il suo esempio. L'esempio che aiuterebbe di più sarebbe quello di una persona che era debole, timorosa e frammentata, che sia cresciuta nella grazia per diventare forte, coraggiosa e integrata. Nessuno si adatta meglio allo scopo di Teresa di Lisieux, la quale insisteva di non essere un'anima grande, ma «*minima* e assai imperfetta»[9].

La maggior parte di quanto sappiamo di santa Teresa (1873-1897), una monaca del convento carmelitano a Lisieux in Francia, proviene dalla *Storia di un'anima*, una raccolta di scritti autobiografici. Nel 1895, Teresa iniziò la stesura in ossequio a un ordine impartito dalla priora della sua comunità: madre Agnese, che casualmente era sua sorella Pauline nella vita reale. Madre Agnese aveva ascoltato con piacere Teresa parlare dei propri ricordi di infanzia e ne voleva avere una registrazione permanente.

Teresa, sia pure soltanto ventiduenne, aveva già fatto molta strada verso la santità all'epoca in cui cominciò la sua autobiografia. Vide l'ordine di sua sorella come un'opportunità di «cominciare a cantare quello che devo ripetere in eterno: *Le misericordie del Signore*»[10].

Con tali parole, Teresa ci mostra il ruolo corretto della memoria. La memoria non va temuta; va purificata nel calore freddo dell'amore divino. Quando la luce dell'amore divino entra nelle ferite lasciate dai dolori

[9] G. Gaucher, *The Passion of Thérèse of Lisieux*, Crossroad, New York 2006, p. 172.

[10] Teresa di Lisieux (santa), *Storia di un'anima*, Ancora, Milano 1997^{27}, p. 35. Teresa fa riferimento al Salmo 88 (89),2: «Canterò senza fine le misericordie del Signore».

passati, finalmente ci rendiamo conto di come la divina misericordia ci abbia portato in braccio persino durante i periodi delle nostre vite in cui ci sentivamo abbandonati da Dio.

Ecco perché, nelle pagine di apertura della sua autobiografia, Teresa sottolinea che è grata per il dono della memoria: «Il Buon Dio mi ha fatto la grazia di schiudermi l'intelligenza molto presto, e di incidere così profondamente i ricordi dell'infanzia da farmi sembrare accadute ieri le cose che sto per raccontare»[11]. I suoi ricordi erano inseparabili dalla gratitudine per la divina provvidenza. Tutte le cose che erano accadute, fossero piacevoli o dolorose all'epoca, le erano ora visibili soltanto attraverso la luce del piano amorevole di Dio per la sua vita. Questa è una santa che, persino mentre sopportava il dolore fisico più intenso sul suo letto di morte, era in grado di dire: «tutto è grazia», intendendolo veramente[12].

Nel continuare la sua narrazione, sembra che Teresa sottolinei la propria gratitudine in parte per preparare il lettore alle molte sofferenze infantili che racconterà. Si potrebbe dire, in un certo senso, che veda la propria vita come la vita di un'anima passata dalla sofferenza senza Dio alla sofferenza *con* Dio.

Naturalmente, Teresa sarebbe la prima a dirlo, Dio non è mai davvero lontano da noi. Tuttavia, possiamo negargli l'accesso al nostro cuore. Quando tratteniamo il risentimento per il fatto che non venga assecondata la nostra volontà, ci rinchiudiamo in una prigione di autocommiserazione solitaria. Teresa stessa sperimentò

[11] *Ivi*, p. 41.
[12] *Ivi*, p. 345.

il dolore interiore di questa prigione. La chiave che la liberò è ciò che ella intende condividere con noi: l'essersi accorta che, nella misura in cui possiamo dire: «non sia fatta la mia, ma la tua volontà», la sofferenza può diventare il fondamento per un'unione più intima con Dio. Teresa ne parlò durante la sua malattia finale: «Ho sofferto molto da quando sono sulla terra, ma, se durante la mia infanzia ho sofferto con tristezza, non è però più il modo in cui soffro. È con gioia e pace»[13].

Nella *Storia di un'anima*, Teresa, la più giovane di cinque sorelle, illustra questa verità per mezzo di un ricordo d'infanzia. Un giorno, quando aveva circa tre anni, sua sorella Léonie decise di liberarsi della sua bambola, dei suoi vestiti e dei frammenti di stoffa che aveva tenuto da parte per fare vestiti per le bambole, mettendoli tutti in un cesto. Portando il cesto a Teresa e a un'altra sorella, Céline, Léonie disse: «Ecco, sorelline, *scegliete*. Vi regalo tutto». Céline stese la mano per prima e prese un gomitolo di lana. Teresa ci pensò su per un momento, poi stese la mano e disse: «*Io scelgo tutto*». Senza alcuna lamentela da parte di Céline, prese semplicemente tutto il cesto.

> Questo piccolo episodio della mia infanzia è il riassunto di tutta la mia vita: più tardi, quando ho capito che cosa sia la perfezione, compresi che per diventare *una santa* bisognava soffrire molto, ricercare sempre il massimo della perfezione, e soprattutto dimenticare se stessi; ho capito che ci sono molti gradi di perfezione, e che ogni anima è libera di rispondere alle proposte di Nostro Signore, di fare poco o molto per Lui, in una

[13] Gaucher, *The Passion of Thérèse of Lisieux*, p. 178.

parola di *scegliere* tra i sacrifici che egli chiede. Allora, come in quel giorno della mia prima infanzia, ho esclamato: «Dio mio, *io scelgo tutto*. Non voglio essere una *santa a metà*, non ho paura di soffrire per te, se temo qualcosa è solo di tenermi la mia *volontà*: prendila, perché *io scelgo tutto* quello che tu vuoi!»[14].

I genitori di Teresa, Louis Martin e Zélie Guérin, erano eccezionalmente santi – tanto da essere stati canonizzati da papa Francesco. Comunque, persino i genitori più perfetti non possono garantire che la giovinezza dei figli passerà senza guai. Teresa aveva soltanto quattro anni e mezzo quando la morte della madre per un cancro al seno la mandò in un «inverno della prova»[15].

Di norma, Teresa, da figlia più piccola, era sempre sotto l'occhio protettivo di uno dei genitori o delle sue sorelle. Non fu così nelle ore successive alla morte di sua madre: «Nessuno aveva tempo di occuparsi di me, e così vedevo tante cose che avrebbero voluto nascondermi»[16]. Le parole da lei scritte subito dopo sono significative per ciò che rivelano riguardo alla sua purificazione della memoria:

> A un certo momento mi trovai di fronte al coperchio della bara...: mi fermai a lungo a osservarlo; non ne avevo mai visti, eppure capivo... Ero così piccola che, malgrado la statura poco alta di Mamma, ero costretta ad *alzar* bene la testa per vederne la parte superiore, e

[14] Teresa di Lisieux (santa), *Storia di un'anima*, pp. 53-54 [corsivo nell'originale di Teresa].
[15] *Ivi*, p. 57.
[16] *Ivi*, p. 62.

mi sembrava tanto *grande*, tanto *triste*... Quindici anni più tardi, mi trovavo dinanzi a un'altra bara, quella di Madre Geneviève: era delle stesse dimensioni di quella di Mamma, e mi sembrò di essere ancora ai giorni della mia infanzia!... Tutti i miei ricordi si affollarono: era proprio la stessa piccola Teresa che stava guardando, ma era *cresciuta*, e la bara le sembrava *piccola*: non aveva più bisogno di *alzare* la testa per vederla: la *alzava* solo per contemplare il Cielo, che sembrava ben *lieto*, perché tutte le prove avevano avuto fine e l'inverno dell'anima sua era per sempre passato[17].

Queste righe racchiudono in sé tutto l'itinerario di Teresa dalla sofferenza nella «tristezza» alla sofferenza nella «gioia e nella pace». Forse più straordinario è il suo riconoscimento che la bara di Madre Geneviève era un innesco per la memoria. Si fosse permessa di lasciarsi trasportare dalle immagini che essa evocava, avrebbe potuto patire un doloroso flashback, rivivendo l'esperienza di essere una bambina distrutta dal dolore. Invece, vediamo come, persino all'affiorare alla mente del suo trauma infantile, Teresa rimanga radicata nel presente.

Notate specialmente come ella rifiuti di dissociarsi dal proprio io infantile. «Era la stessa Teresa che stava guardando». La bambina traumatizzata è perfettamente integrata nella donna che è «*cresciuta*». La gioia presente di Teresa nel contemplare il Cielo emerge non nonostante ricordi il proprio trauma, ma *a causa* di esso. È proprio perché il Fiorellino ha sperimentato «l'inverno» che ora può alzare la testa in segno di gratitudine per la primavera.

[17] *Ivi*, pp. 62-63.

Che cosa era cambiato dall'infanzia di Teresa che la rendeva capace di accettare la sofferenza nell'amore di Cristo? Teresa stessa racconta che crebbe in un solo momento, la mattina presto del 25 dicembre 1886. La chiama la sua «conversione di Natale», perché, anche se aveva avuto la fede, le grazie che ricevette trasformarono completamente la sua comprensione della propria identità in Cristo.

Teresa aveva quasi quattordici anni, ma emotivamente era più giovane. Ancora desolata dalla morte della madre, era altresì addolorata nel trovarsi separata da due delle sorelle, Pauline e Marie, che erano entrate nel Carmelo di Lisieux. «Non facevo alcun lavoro domestico»[18], scrive, e scoppiava spesso in singhiozzi; «ero veramente insopportabile per la mia eccessiva sensibilità»[19].

In quel mattino di Natale, arrivando dalla Messa di mezzanotte con suo padre e la sorella Céline, Teresa mise le scarpe accanto al caminetto. Da anni era una tradizione di famiglia che suo padre riempisse le "scarpe magiche" delle figliole come calze di Natale. Teresa era l'unica figlia che continuava a mettere fuori le proprie scarpe; attendeva ardentemente il rituale annuale benché avesse superato da un pezzo l'età in cui si crede nella "magia".

Louis Martin, comunque, dopo la Messa notturna, aveva poca energia rimasta per giocare a Babbo Natale. Mentre Teresa saliva le scale, lo sentì da lontano dire esasperato: «Per fortuna che, finalmente, è l'ultimo anno!...»[20].

[18] Gaucher, *The Passion of Thérèse of Lisieux*, p. 178.
[19] Teresa di Lisieux (santa), *Storia di un'anima*, p. 139.
[20] *Ivi*, p. 141.

Le parole trafissero il cuore di Teresa. Raggelò, e gli occhi cominciarono a gonfiarsi di lacrime. Ma poi accadde qualcosa di completamente inaspettato. Ricevette, come scrive lei stessa, «la grazia di uscire dall'infanzia». «Sentii, in una parola, la *carità* entrarmi in cuore, il bisogno di dimenticarmi per far del bene»[21].

La prima cosa che fece fu di tornare velocemente giù e mostrare a suo padre – preoccupato perché si era accorto che l'aveva sentito – che non era affatto offesa. Con gioia, esaminò i regali che erano stati posti nelle sue scarpe, con grande sollievo compiaciuto di suo padre. Ma questa grazia di dimenticare il proprio interesse personale per amore degli altri non finì con la famiglia; avvertì al tempo stesso «un grande desiderio di dedicarmi alla conversione dei peccatori»[22]. Questo l'avrebbe alla fine condotta a seguire le sue sorelle entrando nel Carmelo, dove avrebbe offerto tutto quello che era e tutto quello che aveva per la salvezza del mondo.

La conversione natalizia di Teresa segnò l'inizio della sua «Piccola Via» – la pratica dell'infanzia spirituale, che avrebbe sviluppato e perfezionato al Carmelo, sotto la guida della Sacra Scrittura. Alla sua radice, la Piccola Via comporta una conversione *continua* nel senso della radice latina *convertere*, girarsi.

Forme del verbo *convertere* appaiono in tutta la Vulgata, la traduzione latina fondativa della Bibbia da parte di san Girolamo. Più spesso, esse appaiono nel grido del credente che implora la grazia della conversione del cuore: «Rialzaci [*converte*], Signore, nostro Dio, fa' splendere il tuo volto e noi saremo salvi» (Salmo 79 (80),4).

21 *Ivi.*
22 *Ivi.*

«Fammi ritornare [*converte*] e io ritornerò, perché tu sei il Signore, mio Dio» (Geremia 31,18). «Facci tornare a te, Signore, e noi ritorneremo» (Lamentazioni 5,21).

La chiave per restare, come Teresa, un bambino dinanzi a Dio è cercare la grazia di Dio in ogni momento, affinché possiamo tutti convertirci – vòlti verso di lui. La immagino in questi termini: quando una bimba sta camminando con suo padre, si angoscia se suo padre la lascia correre tanto avanti che quando si volge indietro non riesce a vedere dove sia lui. D'altro canto, se suo padre, vedendola correre avanti a sé, la ferma, la fa tornare indietro e insiste che rimanga al suo fianco, la bimba sperimenterà per un attimo l'umiliazione di venire corretta. Tuttavia la sua umiliazione si trasforma in gioia, quando si accorge che il papà la sta correggendo spinto dall'amore, perché è sicura soltanto quando resta al suo fianco.

Nel momento della sua conversione natalizia, Teresa, per quanto emotivamente «cresciuta», divenne come quella bambinetta davanti a Dio, che sperimentava contemporaneamente l'umiliazione e la conversione in ogni momento per il resto della sua vita. Più diventò santa, più diventò sensibile alla propria inclinazione naturale a correre avanti a Dio, preferendo la propria volontà alla Sua. Ogni volta che si colse a farlo, cercò immediatamente la grazia per ritornare a lui – una grazia che «Dio non rifiuta mai»[23]. Ecco perché, nella sua malattia terminale, ella fu in grado di dire: «Sperimento una gioia viva non soltanto quando scopro che sono im-

[23] S. Teresa di Lisieux (santa), citata in Sua Ecc. Mons. A.A. Noser, *Joy in Suffering* [Gioia nella sofferenza], TAN Books, Rockford, IL 2005, p. 36.

perfetta, ma specialmente quando sento che lo sono»[24]. Nel suo cuore, era sempre Natale.

Stephanie e io restammo intime amiche per tutto il liceo, ma ci allontanammo progressivamente quando i suoi progetti universitari la portarono in una parte lontana del Paese. Dopo l'università, nel periodo in cui abitavamo entrambe in New Jersey e lavoravamo a New York, ci ritrovammo di tanto in tanto, ma non era la stessa cosa. Lei era gentile e di buon umore come sempre, ma io in quel periodo soffrivo di depressione e, da parte mia, non mantenevo viva l'amicizia.

Tuttavia, anche quando mi ero apparentemente dimenticata di Stephanie, lei non si dimenticava mai di me. Anni dopo averla vista per l'ultima volta, cominciai a tenere un blog. Trovò il mio sito attorno al 2005 e cominciò a lasciare commenti amichevoli. Io risposi ai suoi commenti, ma non mi avvicinai ulteriormente. La ragione non era più la depressione. Mi stavo preparando a entrare nella Chiesa cattolica e, occupata con la mia nuova fede, cercavo la compagnia di cristiani come me. Sebbene Stephanie fosse battezzata, cresimata e sposata in Chiesa, non era interessata alla religione, per cui sentivo che avevamo ormai poco in comune. Mentre mi preparavo a trasferirmi a Washington, nel 2007, non pensai di invitarla alla mia festa d'addio.

Poi venne il giorno, quello stesso anno, appena dopo Natale, in cui ebbi proprio bisogno di un amico. Arrivò una telefonata dallo studio dell'endocrinologo con gli esiti della biopsia di un rigonfiamento alla ghiandola

24 Gaucher, *The Passion of Thérèse of Lisieux*, p. 174.

tiroidea. Non mi ero preoccupata dell'esame, perché il rigonfiamento era stato precedentemente sottoposto a biopsia ed era risultato benigno. Stavolta, comunque, gli esiti non furono così buoni: «sospetto di carcinoma papillare».

Fu sconvolgente trovarsi di fronte alla possibilità di una malattia mortale quando avevo soltanto trentanove anni. Stressata, postai una richiesta di preghiere sul mio blog, scrivendo lamentosamente: «Nessuno nella mia famiglia ha mai avuto niente di simile così giovane». Quasi immediatamente, arrivò una e-mail che iniziava così: «Ciao Dawn, ho un cancro alla tiroide in fase avanzata». Sentii una fitta al cuore, quando vidi che la persona che ne soffriva era la mia amica del cuore d'infanzia Stephanie.

Dopo aver fatto un resoconto della propria malattia, Stephanie forniva consigli straordinariamente particolareggiati sulla cura del tumore tiroideo. Era esattamente il genere di informazioni che mi serviva in quel momento, quando mi sentivo spaventata e impotente.

Stephanie combatteva la malattia da oltre quattro anni. Le era stata diagnosticata due settimane prima del matrimonio.

Risposi al suo messaggio per ringraziarla del consiglio e della sollecitudine, e cominciammo a godere del nostro primo scambio epistolare dopo oltre un decennio. Il suo messaggio successivo, che raccontava un dialogo con il marito Tom, mostrava lo stesso amore per la risata che mi ricordavo dall'ultimo anno delle scuole superiori:

> Subito dopo la mia biopsia l'aprile scorso, ci vedevo doppio, perché il tumore era infiammato e premeva

sui nervi ottici. Pertanto, con una canzone dei New Order sullo sfondo (non ricordo il titolo, ma il testo dice: «Oh, hai gli occhi verdi, oh, hai gli occhi grigi, oh, hai gli occhi azzurri»), Tom cominciò a cantare: «Oh, hai un occhio solo, oh, hai due occhi, oh, hai tre occhi», e io non riuscivo a smettere di ridere. Persino mentre stavano preparando la maschera che serviva per la mia terapia a raggi, non riuscivo a smettere di ridere e penso che seccassi un po' i tecnici. Ho proprio due minuscoli puntini tatuati su ciascun lato del viso, che ora considero in un certo senso mini-attestati d'onore.

Quando la patrona di Cresima di Stephanie, santa Teresa, stava morendo di tubercolosi, suor Maria dell'Eucaristia – una delle consorelle di Teresa al Carmelo – scrisse di lei in una lettera: «Riguardo al suo morale, è sempre lo stesso: è l'allegria in persona, fa ridere chiunque le si avvicini... Sono persuasa che morirà ridendo perché è così felice»[25].

Un mese dopo la biopsia, andai in ospedale per farmi togliere il tumore alla tiroide. Mentre mi stavo rimettendo a casa ed ero in attesa degli esiti patologici, Stephanie mi scrisse: «Ho questa netta sensazione di pancia che non tu non abbia il cancro – ho come la sensazione che in qualche modo io abbia preso il proiettile, per così dire, per tutte e due, e dal mio viaggio finora, oh mamma, ne ho davvero di storie divertenti da raccontare!».

Santa Teresa scriveva: «Ho la vocazione di un guer-

[25] *Ivi*, p. 135.

riero»[26]. Nelle sue ultime settimane, diceva: «Non tengo nulla nelle mie mani. Tutto quello che ho, tutto quello che merito, è per la Chiesa e per le anime»[27].

Come si scoprì poi, avevo un cancro – ma il mio, diversamente da quello di Stephanie, non si diffuse. Dopo una seconda operazione per rimuovere il resto della tiroide, mi rimisi perfettamente. Stephanie prese il proiettile al posto mio – almeno, aveva la volontà di farlo. Non ho dubbi che Dio ripagherà il suo desiderio di offrire se stessa, che la fece assomigliare ancora di più alla sua patrona celeste.

«Teresa», dice papa Benedetto, «indica a tutti noi che la vita cristiana consiste nel vivere pienamente la grazia del Battesimo nel dono totale di sé all'Amore del Padre, per vivere come Cristo, nel fuoco dello Spirito Santo, il Suo stesso amore per tutti gli altri»[28].

Nelle prime ore dell'8 gennaio 2011, dopo essersi addormentata al fianco di suo marito, Stephanie Suzanne Teresa Wimmer Nooney morì serenamente a casa sua, all'età di quarantadue anni. Presi il treno per il New Jersey per il suo funerale e mi resi tristemente conto che era la prima e unica volta che i nostri corpi fossero mai stati insieme dentro la stessa chiesa.

Le messe funebri cattoliche mi ricordano il versetto 6 del capitolo 28 del Vangelo di Matteo: «Non è qui, è risorto!» Ti mettono precisamente sulla linea di faglia tra l'"ora" e il "non ancora" della redenzione. Passi ol-

26 *Ivi*, p. 180.
27 *Ivi*, p. 183.
28 Papa Benedetto XVI, Udienza Generale, 6 aprile 2011, w2.vatican.va/content/benedict-xvi/it/audiences/2011/documents/hf_ben-xvi_aud_20110406.html.

tre la bara della tua cara estinta, sapendo che contiene soltanto il suo corpo; lei non è qui. Poi il sacerdote ti amministra la Santa Eucaristia e ti rendi conto che la persona a te cara è viva, unita a te nel Corpo di Cristo – più vicina a te di quanto mai fosse stata in vita. È risorta.

5

L'AMORE CHE LIBERA

Superare gli ostacoli al perdono – con la beata Laura Vicuña e santa Maria Goretti

> [Nel suo sogno] le sembrava che nella sua mano bruciasse una specie di fuoco, ma non faceva male, strinse la luminosa pietra preziosa e la portò dal padre... Si alzò, la sua decisione era presa, il sogno doveva diventare realtà.
>
> Hans Christian Andersen, *La pietra filosofale*[1]

Di recente un amico cattolico mi ha chiesto di pregare per una donna musulmana in uno degli Stati del Golfo Persico, che sta pensando di diventare cattolica ma teme di essere ostracizzata. Mi ha detto che, quando era bambina, la donna ebbe un sogno in cui Maometto la rimproverava severamente per tutti i modi in cui non era riuscita a essere una buona musulmana. Essendole stato insegnato che i sogni che hanno per protagonista Maometto sono sempre veri, la bambina, spaventata, si risolse a osservare scrupolosamente la legge islamica – e lo fece più che poteva.

Passarono gli anni e la ragazza si fece donna, sforzandosi ancora di essere perfetta nella pratica della sua

1 Andersen, *Fiabe e storie*, pp. 567-568 [*ndt*].

fede. Sperava che un giorno Maometto le sarebbe apparso di nuovo per farle sapere che non era più scontento di lei. Ma non lo fece mai. Invece, il mio amico mi riferì che, non troppo tempo fa, la donna ha sognato Gesù – che le ha parlato in modo del tutto diverso rispetto a Maometto.

Ora, da cattolica, grazie al Cielo non mi viene richiesto di credere che le rivelazioni private siano «sempre vere» – altrimenti avrei conservato l'immaginetta della «Madonna di Bayside, Queens» che mi consegnò una donna un po' particolare. In ogni caso, il messaggio che la donna musulmana ricevette nel sogno in cui appariva Cristo mi colpì nel profondo. Gesù le disse: «Conserviamo soltanto le storie a lieto fine». Questa è la voce di un padre amorevole che parla alla propria figlia. Lo sento nella promessa contenuta nel Libro dell'Apocalisse che Dio stesso abiterà con gli esseri umani: «E tergerà ogni lacrima dai loro occhi; non ci sarà più la morte, né lutto, né lamento, né affanno» (Apocalisse 21,4).

Quando ero bambina, leggendo il racconto della Pasqua ebraica, ricordo la mia sorpresa quando trovai l'indicazione di Dio al popolo: il mese di Pasqua «sarà per voi l'inizio dei mesi, sarà per voi il primo mese dell'anno» (Esodo 12,2). Non sembrava aver senso, perché la Pasqua e il Capodanno ebraico, Rosh Hashanah, cadevano a molti mesi di distanza tra di loro. Tuttavia, avevo la sensazione che significasse che c'era qualcosa di *nuovo* riguardo all'esodo degli Ebrei dall'Egitto, proprio come si diceva al Seder pasquale che la mia famiglia osservava ogni anno: «Questa notte [è] diversa da tutte le altre notti». Doveva essere un inizio assoluto.

Anni più tardi, la terza sera di Pasqua del 2006, avrei sperimentato un mio personale inizio assoluto. Accadde alla Veglia di Pasqua, la notte che ricevetti il sacramento della Confermazione. Con la mente, torno là ora. La luce del cero pasquale brilla dal pulpito; una parte della sua fiamma scintilla sulla candela che tengo in mano mentre ascolto il canto dell'*Exsultet* (la Proclamazione della Pasqua).

Questo *Exsultet* rappresenta una purificazione comunitaria della memoria – una canzone tipo *La vita è adesso* o un canto liturgico tipo *Tu sei la mia vita* – per il Popolo di Dio. Esso richiama gli eventi più dolorosi e dannosi del passato dell'umanità, rivelando il loro reale significato nel contesto della divina provvidenza. L'effetto è simile a quello di una macchina fotografica che fa una panoramica partendo da un primo piano estremo, rivelando che ciò che inizialmente sembra essere una chiazza scura e torbida è effettivamente il centro di uno stupendo girasole. Nella luce di Cristo – rappresentata dal cero pasquale – il buio periodo di schiavitù in Egitto viene rivelato come un capitolo necessario nel racconto più bello del mondo. La liberazione degli Ebrei operata da Dio è presagio della liberazione ultima dell'umanità intera dal peccato e dalla morte. La sofferenza passata diviene il prologo per la gioia futura:

> Questa è la vera Pasqua, in cui è ucciso il vero Agnello,
> che con il suo sangue consacra le case dei fedeli.
>
> Questa è la notte in cui hai liberato i figli di Israele,
> nostri padri,
> dalla schiavitù dell'Egitto,
> e li hai fatti passare illesi attraverso il Mar Rosso.

Questa è la notte in cui hai vinto le tenebre del peccato
con lo splendore della colonna di fuoco.

Questa è la notte che salva su tutta la terra i credenti
nel Cristo
dall'oscurità del peccato e dalla corruzione del mondo,
li consacra all'amore del Padre
e li unisce nella comunione dei santi.

Questa è la notte in cui Cristo, spezzando i vincoli della
morte,
risorge vincitore dal sepolcro.

Perché *questa notte*, la Veglia di Pasqua, è diversa da tutte le altre notti? Perché la Resurrezione dà inizio alla rinascita di tutte le cose in Cristo.

Mentre le note gioiose dell'*Exsultet* svaniscono nella memoria, il sacerdote benedice il fonte battesimale. Vedo la linea verticale del cero pasquale, che rappresenta la vita soprannaturale del Cristo risorto, intersecare la linea orizzontale della superficie dell'acqua, che rappresenta la vita naturale dell'umanità. L'unione simbolica mi spinge a riflettere su come il mio battesimo, sei anni prima, poggiasse sulla vita cominciata con la mia nascita naturale. Esso segnò l'inizio della mia partecipazione attiva al piano provvidenziale di Dio per me.

Grazie al battesimo, la mia vita non è più limitata a una dimensione orizzontale, misurata da quanto io sia avanti o indietro nel viaggio verso la morte. Essa ha sempre una dimensione *verticale*, misurata da quanto io sia avanti o indietro nel viaggio verso il Paradiso – un Paradiso che si può pregustare sulla terra tramite la vita della grazia. Queste dimensioni rappresentano la mia longitudine e latitudine personali, il mio Gps spirituale; insieme, esse formano una croce.

Nel bagliore del cero pasquale, intuisco più profondamente come la presenza amorosa di Dio sia sempre stata con me, come la colonna di fuoco che condusse gli Israeliti fuori dal buio della schiavitù. E comincio a riflettere su come Dio abbia permesso che il male entrasse nella mia vita soltanto affinché potesse trarne un bene più grande. Mi torna alla mente un verso dell'*Exsultet*, «Davvero era necessario il peccato di Adamo, che è stato distrutto dalla morte del Cristo. Felice colpa, che ha meritato un tale e così grande Redentore!»[2] Gesù può veramente dire: «Teniamo soltanto le storie che finiscono bene», perché tutte le storie finiscono in lui.

Durante i mesi che seguirono la mia cresima, e specialmente quando presi l'abitudine della confessione regolare, divenni sempre più cosciente del bisogno di aprire aree più ampie del mio cuore alla luce risanatrice di Cristo. In particolare, cominciai a scoprire fino a che punto il risentimento per l'abuso infantile subito si intrufolava nella mia vita spirituale. Fu un periodo in cui, all'età di trentasette anni, stavo per la prima volta scendendo a patti con l'enormità di quanto mi era stato fatto da bambina. Quello che mi turbava maggiormente era rendermi conto che, an-

[2] Per approfondire che cosa significhi questo versetto nella vita della Chiesa, incluso il modo in cui «Dio permette il male al fine di trarne beni migliori», si veda il *Catechismo della Chiesa Cattolica*, art. 412.

che dopo la cessazione degli abusi, il rapporto con mia madre era caratterizzato da una codipendenza poco sana. Fu durante questo periodo che provai a discutere l'abuso con mia madre e non fui soddisfatta del suo riscontro. Mi resi conto che, per star bene, occorreva che interrompessi il rapporto per un certo periodo, finché non fossi stata capace di interagire con lei senza la paura di rimanerne assorbita (da allora ho ripreso i contatti, finalmente consapevole dei giusti confini e delle ragionevoli aspettative del mio rapporto adulto con lei).

Dal mio punto di vista, separarmi da mia madre fu un atto di autoprotezione. Ma che cos'era dal punto di vista di Dio? Era forse possibile che stessi violando il quarto comandamento – mancando di onorare mio padre e mia madre? Questa domanda divenne un autentico dilemma per me. Sapevo di dover cercare la grazia di perdonare mia madre: il *Padre Nostro* comanda di perdonare quanti peccano contro di noi. Ma il quarto comandamento richiedeva che rimanessi in stretto contatto con lei anche quando questo contatto era, secondo la mia percezione, psicologicamente dannoso per me?

Nel tempo, con l'aiuto di amici, direttori spirituali e letture, imparai a conoscere gli strumenti del discernimento per rispondere a tali interrogativi. Ciò che serve è capire che cosa sia o non sia il perdono.

Il perdono non equivale alla riconciliazione. Il perdono è interiore, verificandosi nel cuore di chi perdona. La riconciliazione, lo scopo ultimo verso cui tende il perdono, è una strada a doppio senso. Essendoci stato affidato il «ministero della riconciliazione» (Seconda lettera ai Corinzi 5,18), siamo chiamati a riconciliarci con quanti vogliono riconciliarsi con noi. Comunque, se il peccatore è impenitente, Dio richiede soltanto che lo perdoniamo interiormente. Credo che questo spieghi perché Gesù, che elargiva direttamente il perdono ai peccatori pentiti (come alla «peccatrice» in Luca 7,48), perdonò i suoi assassini soltanto indirettamente. Invece di dire: «Ti sono perdonati i peccati», disse: «Padre, perdonali» (Luca 23,34). Quando la persona da cui abbiamo subito un abuso continua a tenere una condotta simile, questa preghiera intercessoria di Gesù – espressione esteriore del suo perdono interiore – diventa il nostro modello per osservare il suo comandamento di perdonare.

Perdono significa abbandonare il rancore. Abbiamo visto che Dio permette il male soltanto perché possa produrre un bene maggiore (*Catechismo della Chiesa Cattolica*, art. 412). Il bene maggiore possibile è che cresciamo nella grazia. Quando tratteniamo il rancore verso la persona che ci ha fatto del male, siamo d'impedimento alla grazia. Invece di essere come i discepoli di Gesù, i quali abbandonarono tutto per seguirlo verso il cielo, diventiamo come il ricco del diciannovesimo capitolo del Vangelo di Matteo. Sarebbe potuto essere un altro san Giovanni, «il discepolo che Gesù amava» [Gv 13,23], perché Gesù lo guardò e «lo amò» [Mc 10,21]. Invece, «il giovane se ne andò triste» [Mt 19,22] perché non fu in grado di mollare le cose che lo legavano alla terra.

Perdono non significa rinunciare a pretendere giustizia. Significa volere il meglio che Dio possa avere in serbo per quella persona. Dove c'è un crimine, il significato migliore di questo perdono è, nelle parole di Mark Shea, quello di «rilasciare il malfattore mettendolo nelle mani della misericordia di Dio anche quando lo denunci alla polizia»[3]. Santa Maria Goretti, sul letto di morte, perdonò il proprio assalitore ma allo stesso tempo rispose alle domande della polizia, affinché potesse essere perseguito. Entrambe le azioni derivavano dal desiderio del bene dell'assalitore e degli altri[4].

Il meglio riservato da Dio significa anche non lasciare che il peccatore continui a peccare. Ciò influisce sul discernimento di come osservare il quarto comandamento: se un genitore commette abusi, osserviamo il comandamento avendo con lui o lei soltanto un contatto che resti nei limiti della sicurezza.

Perdono significa pregare per l'aggressore. Ciò ricade sotto il comandamento di amare i nostri nemici e coloro che ci perseguitano (Mt 5,44). Quando soltanto il pensare a un aggressore fa venire a galla ricordi dolorosi, può essere un comandamento particolarmente difficile da seguire. Una Sorella della Vita mi ha dato alcuni utili consigli: chiedi a Maria di mettere il criminale nel suo Cuore Immacolato; poi, prega spesso per le intenzioni di Maria. La preghiera è vitale per il perdono perché ti collega al «sistema circolatorio» del Corpo Mistico di Cristo – le grazie che scorrono dal suo Capo alle sue membra[5]. Più preghi per colui che ha

[3] M. Shea, *And Forgive us Our Trespasses* [E rimetti a noi i nostri debiti], www.mark-shea.com/ofVIII.html.

[4] Il sito Internet di *Stop it Now* (www.stopitnow.com) contiene consigli per quanti affrontino la responsabilità di denunciare un abusante.

[5] Si veda Lettera Enciclica *Mystici Corporis*, 18, w2.vatican.va/content/pius-xii/it/encyclicals/documents/hf_p-xii_enc_29061943_mystici-corporis-christi.html, dove Pio XII parla dei sacramenti che provvedono «alla vita, alla sanità e all'incremento» del Corpo Mistico stesso. La preghiera costituisce una parte essenziale della nostra vita sacramentale.

abusato di te, più sarai guarito. Questo porta al punto più rilevante.

Il perdono non rientra nei nostri poteri. Alexander Pope diceva giustamente: errare è umano, perdonare è divino. Quando il sacerdote produce la transustanziazione del pane e del vino nell'Eucaristia, non è per suo potere personale, ma è la potenza di Cristo che agisce per suo tramite. Così pure, quando preghiamo per coloro che ci hanno fatto del male, trasformiamo i detriti del male in un seme di bene. Il *Catechismo* dice che l'effetto della preghiera per chi ci ha aggredito è così potente spiritualmente che essa *purifica la nostra memoria*: «Non è in nostro potere non sentire più e dimenticare l'offesa; ma il cuore che si offre allo Spirito Santo tramuta la ferita in compassione e purifica la memoria trasformando l'offesa in intercessione» (*Catechismo*, *art.* 2843).

Tutto ciò non è per dire che il perdono sia privo di sofferenza. L'unione con Cristo esige il martirio interiore (Seconda lettera ai Corinzi 4,11). Ma siamo in buona compagnia. Il *Catechismo* dice che i nostri atti di perdono ci collegano con tutti i santi che hanno dato la propria vita per la fede: «Il perdono sta anche a testimoniare che, nel nostro mondo, l'amore è più forte del peccato. I martiri di ieri e di oggi rinnovano questa testimonianza a Gesù» (*Catechismo*, art. 2844).

Nel XX secolo, la Chiesa ha riconosciuto la santità di due ragazzine, che furono testimoni particolarmente profonde del perdono di Cristo: santa Maria Goretti e la beata Laura Vicuña. Le vicende biografiche di queste «martiri della castità» parlano nell'intimo alle vittime di abusi sessuali infantili, offrendo ispirazione, guida e speranza in vista della guarigione. Molti cattolici, tuttavia, non capiscono perché la Chiesa le onori, giacché la loro eredità è stata rappresentata in modo scorretto sia all'interno sia all'esterno della Chiesa.

Maria Goretti in particolare ha sofferto di una pubblicità negativa. Da un lato, i critici della fede cattolica, particolarmente gli oppositori dell'etica sessuale, asseriscono che la sua canonizzazione dimostri come la Chiesa dia maggiore valore all'illibatezza fisica della donna che alla sua vita. Dall'altro, alcuni che la elevano a modello di purezza danno senza saperlo man forte alla visione dei critici, suggerendo che sia chiamata martire perché non fu violata. La verità è che il termine «martire della castità» non si riferisce al fatto che il santo o la santa siano morti difendendo la propria purezza o meno. Questa dottrina risale per lo meno all'epoca di sant'Agostino, il quale scrisse che i vergini o le vergini cristiani che fossero stati stuprati prima del martirio rimanevano vergini.

Più approfondisco la conoscenza di Maria e di Laura, più voglio gridare ai loro detrattori tanto quanto ai loro sostenitori: *Queste sante non sono caricature, ovvero non esistono per soddisfare una procedura. Sono adolescenti vere!* Vale la pena di dedicare del tempo a riportare alla luce la loro splendida testimonianza, sommersa da moventi politici e da pii miti.

Nata il 16 ottobre 1890, a Corinaldo, una cittadina dell'Italia centrale, Maria era la terza figlia dell'agricoltore Luigi Goretti e di sua moglie Assunta. Maria rimase analfabeta, dal momento che la sua famiglia era troppo povera per permettersi di mandarla a scuola. Quello che i Goretti avevano però in abbondanza erano l'amore e la fede. Assunta, in particolare, coltivava una profonda devozione alla Vergine Maria, e la famiglia pregava spesso il rosario insieme.

Per quanto influenzata dalla fede dei suoi genitori, Maria aveva uno stile devozionale tutto suo. Era naturalmente dedita alla preghiera, mantenendo una costante coscienza della presenza di Dio. Papa Pio XII scrisse nel suo decreto di beatificazione:

> Lo Spirito Santo volle arricchire [Marietta] la piccola serva di Dio di carismi singolari e privilegi straordinari, accrescendo di giorno in giorno la sua santità: mediante le cose «visibili» e naturali la trasse dolcemente e delicatamente alle cose «invisibili». Allietata dal profumo dei fiori e dal nitido candore dei raggi del sole, ella elevò il cuore alle bellezze del cielo e con estasi anche oltre i cieli fino ai cori degli angeli, e poi al trono del Dio Altissimo, effondendo la sua gioia per tutta l'eternità[6].

Sebbene il suo linguaggio possa sembrare melenso, Pio XII cerca di cogliere un certo senso di desiderio che risulta essenziale per la vita della fede. Si tratta del medesimo desiderio che abbiamo visto precedentemente in santa Giuseppina Bakhita, che richiamava i primi fermenti di devozione da bambina pagana in Africa: «Vedendo il sole, la luna e le stelle, mi dissi: "Chi potrebbe essere il Padrone di tutte queste bellis-

[6] A. Gits, sj., *A Modern Virgin Martyr: Saint Maria Goretti*, Catholic Truth Society, London 1958, www.catholicpamphlets.net/pamphlets/A%20Modern%20Virgin%20Martyr-St%20Maria%20Goretti.pdf [Decreto di beatificazione di Maria Goretti, *Acta Apostolicae Sedis*, Commentarium Officiale XL, serie II, vol. XV, pp. 26-32; qui pp. 27-28].

sime cose?" E sentii un grande desiderio di vederlo, di conoscerlo e di rendergli omaggio»[7].

Tale desiderio è un qualcosa di più dello stupore, sebbene lo stupore abbia un ruolo in tutto ciò. È l'acquisita consapevolezza che Dio si rivela a noi a un livello più che spirituale. Il rapporto con lui permea tutto il nostro essere, anima e corpo. Nell'osservare che Dio usò «elementi naturali e visibili» per attirare la giovane santa a «gioie invisibili e celesti», Pio ci sta dicendo che Maria Goretti comprese intuitivamente il vero scopo del corpo: glorificare Dio. Come Teresa di Lisieux, ella si rifiutò di dissociare la carne dallo spirito. Invece, cercò di essere pienamente integrata, di modo che la santità dell'anima potesse inondare il suo corpo.

Quando Maria aveva otto anni, suo padre, cercando di salvare la famiglia dalla disperata povertà, accettò di lavorare come bracciante fittavolo nelle vicinanze della città costiera di Nettuno. Dal momento che gli mancavano i fondi per farlo da solo, sottoscrisse il contratto in società con Giovanni Serenelli. I Goretti abitavano su un lato del piano superiore di un fienile, mentre Serenelli e il figlio quindicenne, Alessandro, vivevano sull'altro. Era una sistemazione scomoda, giacché i Serenelli avevano uno stile di vita molto diverso dai devoti Goretti. Giovanni beveva e portava a casa riviste "sporche"; Alessandro, un bizzoso sociopatico, usava foto pornografiche per decorare la sua stanza.

Alla fine di aprile del 1900, Luigi si ammalò di malaria. Ci vollero parecchi giorni perché la malattia fa-

[7] Giuseppina Bakhita, www.vatican.va/news_services/liturgy/saints/ns_lit_doc_20001001_giuseppina-bakhita_it.html.

cesse il proprio corso fatale. Mentre giaceva in fin di vita, temendo che cosa potesse succedere a sua moglie e ai suoi figli se avessero continuato a condividere l'alloggio con i Serenelli, Luigi insistette che Assunta ritornasse con la famiglia a Corinaldo. Aveva quarantun anni quando si spense, lasciando sua moglie con cinque figli più uno in arrivo.

Giovanni non perse tempo ad approfittare della vulnerabilità dei dolenti, pretendendo che la famiglia ripagasse i debiti che, asseriva, Luigi aveva contratto con lui, e facendo persino una proposta di matrimonio ad Assunta. Orripilata, la vedova respinse le sue avances, ma non riuscì ad attenersi al desiderio del marito in punto di morte. Non aveva dove trasferirsi, e Giovanni insisteva che lei e la sua famiglia non potevano andarsene prima di pagare i loro debiti.

Marietta, di nove anni, per quanto distrutta dalla perdita del padre, tenne duro per amore della madre. Disse alla madre di non preoccuparsi: ella stessa si sarebbe occupata delle faccende di casa, di modo che Assunta potesse lavorare nei campi. Nella sua condotta altruistica vedo l'esperienza di molti bambini che sono messi nella posizione di dover proteggere un genitore vittima di abuso.

Il fatto che Maria non avesse più né padre né madre in casa per proteggerla non passò inosservato ad Alessandro, in quel momento diciottenne. Consapevole che ella desiderava conservare la sua purezza, si diede a proporle barzellette e storielle sporche mentre sbrigava le faccende di casa.

Come ella reagì all'abuso da parte di Alessandro ci porta a considerare uno dei modi in cui la pietà popolare ha inconsapevolmente oscurato la vera Maria Goretti. Sebbene l'immaginetta di lei ritratta come ragazzina delicata che tiene in mano dei gigli bianchi sia simbolicamente corretta, essa manca di cogliere il suo ardore. Incarnava il detto di G.K. Chesterton secondo cui il bianco della purezza non andrebbe immaginato come qualcosa di antisettico, come le pareti di un ospedale: piuttosto, esso «indica qualcosa di fiammeggiante, come Giovanna d'Arco»[8]. E così, quando non poteva scappare ai suoi discorsi a sfondo sessuale, ella colpiva Alessandro con quello che aveva a portata di mano – un secchio d'acqua rovesciato, qualsiasi cosa, pur di bloccare quel diluvio di sporcizia.

Durante l'anno successivo alla morte del padre, Maria cominciò a desiderare di ricevere la Santa Comunione. Insistette con la madre di permetterle di ricevere la Prima Comunione all'età di undici anni, un anno prima rispetto alla maggioranza dei bambini dell'epoca. Dopo qualche iniziale resistenza, Assunta cedette, e Maria avrebbe ricevuto l'Eucaristia il 9 maggio 1902, festa del *Corpus Domini*.

Oltre a frequentare le lezioni di catechismo, Maria si preparò a ricevere il sacramento in modo del tutto originale: avvicinò ciascun membro della sua famiglia, come pure i Serenelli, per chiedere perdono per qualsiasi offesa potesse aver arrecato. Questo potrebbe risultare un comportamento tipico di un adulto in via di recupero dalla dipendenza dall'alcool, ma non è mai stato tipico di un bambino che si prepara per la Prima Comunione.

Questo rivela con quale profondità Maria capisse come

[8] G.K. Chesterton, *A Piece of Chalk*, www.gkc.org.uk/gkc/books/chalk.html.

l'unione al Corpo di Gesù Eucaristia significasse allo stesso tempo unirsi al suo Corpo Mistico (Giovanni 14,20).

Alla vigilia della sua Prima Comunione, papa Leone XIII promulgò un'enciclica sulla Santa Eucaristia che, per combinazione, abbraccia tanto la natura della santità di Maria quanto il presagio del suo martirio. «Di questi piaceri oggi arde una insaziabile cupidigia, che quasi morbo contagioso infetta tutti fin dalla più tenera età»[9]. «Ma», proseguiva il Papa, «un eccellente rimedio a questo gravissimo male a nostra disposizione [si trova] sempre nella divina eucaristia». Dava due ragioni per questo: la prima era di natura spirituale («aumentando la carità, raffrena la libidine»), ma la seconda toccava il mistero dell'Incarnazione: «la carne castissima di Gesù reprime l'insolenza della nostra carne». Tale descrizione si sarebbe potuta riferire perfettamente ad Alessandro Serenelli. Non mangiamo semplicemente l'Eucaristia, *diventiamo* l'Eucaristia. «Agostino fa dire a Cristo medesimo: "Non tu muterai me in te, come il cibo della tua carne, ma tu stesso sarai mutato in me"»[10].

In quel giorno del *Corpus Domini* Maria si sentì trasformata. Dopo la Messa, il sacerdote domandò ai neo-comunicati che cosa avessero chiesto a Gesù quando l'avevano ricevuto. Quando arrivò il turno di Maria, rispose semplicemente che gli aveva chiesto di permetterle di riceverlo ancora. Come sant'Ignazio di Loyola nella sua preghiera del *Suscipe*, non poteva chiedere nulla di più.

A casa, comunque, le cose si mettevano al peggio. Nel mese di giugno di quello stesso anno, Alessandro la afferrò per due volte e tentò di possederla con la forza.

[9] Leone XIII, *Mirae caritatis*, 8.
[10] *Ivi*, 6.

La prima volta, ella fu in grado di liberarsi dalla sua presa, ma la seconda dovette affondargli le unghie in faccia per fargli lasciare la presa. Scuotendo il pugno, il ragazzo gridò che, se Maria avesse fiatato con sua madre circa l'assalto, l'avrebbe uccisa.

Da allora in poi, Maria pregò la madre di non lasciarla sola in casa, ma non disse perché. Assunta, comunque, stravolta dal lavoro per restituire il denaro preteso da Giovanni, non si accorse che la figlia si trovava in pericolo. Era facile per Alessandro architettare le circostanze in cui poteva trovare Maria da sola e dare corso al suo ultimatum finale.

Non c'è alcun bisogno di rivedere tutti i dettagli dell'attacco brutale di Alessandro il 5 luglio o dell'agonia di Maria prima di morire il giorno seguente. Per capire perché Maria sia una santa, occorre soltanto considerare due cose che disse durante le ultime ventiquattr'ore della sua vita – la prima al momento di subire l'attentato; la seconda mentre giaceva a letto morente.

«*No! No! Non lo farò, è un peccato. Dio lo vieta. Andrai all'inferno, Alessandro. Andrai all'inferno se lo farai!*». Quelle furono le parole di Maria mentre Alessandro teneva in mano un coltello e le ordinava di obbedire – ma altrettanto degno di nota è quello che non disse. Non disse che *lei* sarebbe andata all'inferno; sapeva che non era un peccato essere violentata. La sua preoccupazione riguardava l'anima di Alessandro. Egli era un membro del Corpo Mistico tanto quanto lo era lei. L'amore che aveva per Cristo le impediva di lasciare che un suo membro peccasse. Allora perché, sapendo che il peccato non era suo, Maria continuò a resistere?

Fate un passo indietro con me per un istante. Come

vittima di abuso sessuale, io convivo con la coscienza che, al momento in cui i miei molestatori approfittarono di me, io per loro non ero un essere umano. Ero un oggetto. Ciascun molestatore mi uccise nella sua mente prima di violare il mio corpo.

Fu lo stesso per Maria. Sapeva che Alessandro, nel permettere a se stesso di essere sessualmente ossessionato da lei, l'aveva mentalmente spersonalizzata. Rifiutava di vedere come ella fosse in realtà una bambina bisognosa di protezione. Tutto quello che il ragazzo riusciva a vedere era uno strumento della sua gratificazione personale.

Quando i cristiani erano perseguitati nella Roma antica, ve ne furono alcuni che fuggirono dalla città piuttosto che rimanere là dove potevano essere martirizzati. La loro fuga non fece di loro dei peccatori – ma non li rese nemmeno degli eroi. Scelsero semplicemente di non rendere testimonianza con il proprio sangue contro il male della persecuzione. Analogamente, se Maria non avesse messo tutte le proprie forze nel resistere ad Alessandro, non avrebbe peccato – ma nemmeno sarebbe stata eroica. Invece lo *fu*, perché scelse di testimoniare con il suo sangue contro il male disumanizzante della lussuria[11].

[11] Nel chiamare la lussuria per quello che è – «disumanizzante» e «malvagia» – è importante tenere presente che non tutta l'attrazione sessuale è lussuria. Il *Catechismo* afferma che, nella misura in cui le passioni sorgono dai sensi piuttosto che dall'intelletto, «non sono né buone né cattive. Non ricevono qualificazione morale se non nella misura in cui dipendono effettivamente dalla ragione e dalla volontà» (*Catechismo della Chiesa Cattolica*, art. 1773). In altre parole, non sono le nostre passioni in se stesse, ma ciò che facciamo con esse che determina se ci conducano verso Dio o lontano da lui. Nel caso dell'attrazione sessuale, il peccato subentra quando una persona sollecita un

Ecco perché la Chiesa la onora come «martire della castità». Non tutti siamo chiamati al martirio. Siamo però tutti chiamati alla santità, e Maria ci mostra la via con l'intera sua esistenza – non soltanto con la sua morte.

«Per l'amore di Gesù, lo perdono, e voglio che sia con me in Cielo». Fu questa la risposta di Maria quando il suo parroco, prima di darle la sua ultima Comunione (nota come viatico, quando l'Eucaristia viene impartita come "cibo per il viaggio" verso il Cielo), le chiese se potesse perdonare Alessandro imitando il perdono di Gesù al ladrone pentito.

Il perdono di Maria rivela che lei incarnava la castità a un livello eucaristico. Ricordate la spiegazione di Leone XIII della duplice modalità in cui l'Eucaristia guarisce i desideri disordinati.

Entrambi i modi sono presenti nella risposta di Maria: l'«amore di Gesù» e la volontà di incorporare l'amore casto del Salvatore nelle proprie azioni. La castità trova la sua espressione più alta nella misericordia: il perdono che scaturisce da un cuore ferito assimila il corpo a quello del Cristo risorto. A coloro che valutarono la sua causa di beatificazione non sembrò affatto una coincidenza che il cuore di Maria riversasse il suo perdono nel giorno che per la Chiesa segna la Festa del Preziosissimo Sangue.

Durante il processo di beatificazione, si venne a scoprire che l'atto di perdono di Maria ebbe un seguito. Alessandro, rilasciato dalla prigione dopo aver scontato una pena di ventisette anni per l'omicidio, disse agli investiga-

desiderio sessuale che è staccato dall'amore sponsale e dall'apertura alla procreazione (si veda il *Catechismo della Chiesa Cattolica*, art. 2351).

tori vaticani che dapprima era stato impenitente – fino alla notte, a otto anni dalla condanna, in cui Maria gli apparve in sogno. Aveva in mano quattordici gigli bianchi, che gli consegnò, uno a uno. Ciascun fiore, nell'istante in cui lo prese in mano, si trasformò in una fiamma bianca, simile a una candela. Fu con emozione che Alessandro si rese conto che i fiori rappresentavano il perdono di Maria per ciascuna delle quattordici pugnalate che le aveva inferto.

Alcuni anni dopo il suo rilascio, Alessandro cercò e ricevette il perdono di Assunta. Successivamente diventò terziario presso un convento cappuccino, dedicandosi a una vita di preghiera e penitenza e curando i fiori del monastero.

Nata a Santiago del Cile nell'aprile 1891, Laura Vicuña fu la prima figlia dell'ufficiale dell'esercito Giuseppe Vicuña e di sua moglie, Mercedes Pino. Poco dopo, la persecuzione politica costrinse la sua famiglia a scappare in un villaggio remoto.

Giuseppe morì di polmonite quando Laura aveva due anni, subito dopo che lui e sua moglie avevano avuto una seconda figlia, Giulia. Mercedes, rimasta vedova, aprì un'azienda di confezioni, che gestì fino al giorno del furto di tutto il magazzino, nel 1899. Trovandosi in uno stato di estrema povertà, decise di portare le figlie in Argentina in cerca di una vita migliore.

La famiglia si stabilì vicino a Junín de los Andes, dove Mercedes incontrò Manuel Mora, un *ranchero* conosciuto per la sua crudeltà. Costretta dalla necessità di rimettersi in piedi economicamente, Mercedes accettò di essere la *mujer* (la convivente) di Mora, trasferendosi con le figlie nel ranch principale.

Divenne presto chiaro agli occhi di Mercedes di non

essere il solo oggetto della lussuria di Mora: l'uomo desiderava anche Laura, che allora aveva soltanto otto anni. La madre cercò di proteggere Laura e Giulia iscrivendole al Collegio di Maria Aiuto dei Cristiani, un educandato locale gestito dalle suore salesiane.

Laura prosperò nel nuovo ambiente – così diverso dal ranch di Mora, dove lei e la sua famiglia avevano abitato nel timore degli scatti d'ira del padrone. La vita al Maria Aiuto dei Cristiani era guidata dal motto di san Giovanni Bosco: «Servire il Signore con gioia». Con il Santissimo Sacramento vicino in cappella, Laura sviluppò una forte vita devozionale, traendo forza spirituale dalla Presenza Reale di Gesù nel tabernacolo. Confidò al suo direttore spirituale, padre Augusto Crestanello: «Mi pare che sia Dio stesso a mantenere attiva in me la consapevolezza della sua divina presenza. Ovunque io sia, in classe o nel parco giochi, questa coscienza è con me e mi aiuta e rafforza»[12].

Il prete era preoccupato. Tanta incessante contemplazione non l'avrebbe distratta dalle sue responsabilità? «Ah no, padre», rispose Laura. «So che questo pensiero mi aiuta a far tutto meglio e non mi disturba affatto, perché non è che ci pensi sempre, ma è che, senza pensarci affatto direttamente, il ricordo mi allieta».

La risposta di Laura riflette la sua notevole maturità spirituale. Capiva istintivamente il ruolo che la memoria gioca nel plasmare l'identità del credente in Cristo.

Possiamo capire quello che Laura descriveva se pensiamo a come funziona la nostra memoria motoria. Questa è la parte della memoria che ci rende capaci di

[12] Si veda il Proprio Salesiano per il 22 gennaio, memoria di Laura Vicuña.

compiere una sequenza di atti fisici senza dover costantemente intellettualizzare ciascuno di essi. Per esempio, se si sta imparando a ballare il liscio, inizialmente bisogna gestire mentalmente un monte di cose, contando le battute e collegandole ciascuna a un movimento diverso. Ma, se ci si dà tempo per esercitarsi, si può interiorizzare i movimenti giusti fintantoché non si ha più bisogno di registrarli coscientemente (a meno di non avere due piedi storti come me). Il corpo si ricorda che cosa fare, sicché la mente è libera di godersi la presenza del compagno di ballo.

Allo stesso modo, potremmo dire che una volta che Laura, attraverso le sue visite al Santissimo, imparò i passi dell'esercizio della presenza di Dio, interiorizzò il ricordo di quei passi. Da allora in poi, indipendentemente da quello che stesse facendo, poteva prestare attenzione ai movimenti dello Spirito Santo, rispondendovi senza perdere una battuta.

Un giorno a scuola una delle suore salesiane fece alle ragazze un discorso sull'importanza del sacramento del matrimonio. Mentre la suora parlava, Laura provò una profonda angoscia spirituale, nel momento in cui la realtà della sua situazione familiare la colpì con tutta la sua virulenza: la madre stava vivendo nel peccato. Da allora in poi, rivolse tutte le sue energie a pregare che la madre si liberasse da Mora.

Crescendo nella vita di fede, Laura raccontò a padre Crestanello che «la presenza di Gesù nell'Eucaristia la portava ad avvertire la presenza di Maria»[13]. Come tan-

[13] «A Hundred Years Ago Blessed Laura Vicuña Died for Love», *Fides News Service*, 21 gennaio 2004, il link è rintracciabile all'indirizzo web: www.fides.org/en/news.

tissime vittime di abusi che hanno trovato conforto tra le braccia della Madonna, anche lei si rese conto di aver bisogno di una mamma in Cielo per aiutarla ad amare meglio la sua mamma sulla Terra. Avrebbe detto successivamente, sul letto di morte: «Il mio maggiore conforto è la mia devozione a Maria... Ella è mia madre!»

Laura avvertiva più fortemente il bisogno della protezione materna di Maria durante le vacanze scolastiche, quando Mora le stava incessantemente addosso. La gente del posto sussurrava che il *ranchero* stesse mandando la ragazza a scuola perché era lei, e non sua madre, che intendeva sposare. Una sera, a una *fiesta*, quando Laura rifiutò l'invito del *ranchero* ubriaco a ballare con lui, egli la cacciò fuori nel buio deserto andino. Poi ordinò a Mercedes di uscire e di convincere sua figlia a tornare.

L'immagine della madre che esorta la figlia di dieci anni per placare un pedofilo spezza il cuore, mostrando quanto Mercedes fosse in balia del proprio amante violento. Quando la donna ritornò alla festa senza essere riuscita nella sua missione, Mora, furioso, la legò a un palo e la frustò.

La reazione di Mora alla sfida di Laura fu di tagliare i fondi per la sua istruzione scolastica. Ma le suore salesiane ebbero pietà di lei, rinunciando alla retta e permettendole di rimanere in collegio durante le vacanze. Grazie al loro aiuto, riuscì a non tornare a casa per quasi due anni.

Nella primavera del 1902, poco dopo aver ricevuto il Sacramento della Confermazione, Laura implorò il permesso da padre Crestanello di fare un sacrificio straordinario. Voleva offrire la sua vita a Dio per la conversione di sua madre. Dopo aver riflettuto un po', il prete le concesse il suo permesso, credendo che il desiderio fosse ispirato dallo Spirito Santo.

Non sarebbe passato molto tempo prima che il desiderio di Laura fosse adempiuto. Si ammalò nel luglio del 1903 e nel corso dei due mesi successivi fu chiaro che aveva la tubercolosi polmonare. Sua madre la portò a casa, dove Mora ricominciò con i tentativi di abusarne.

Vedendo come le forze di Laura diminuissero nel combattere le avances di Mora, Mercedes cominciò, per la prima volta in tanti anni, a mostrare un po' di forza. Prese in affitto una piccola casa in paese vicino alla scuola, di modo da potersi prendere cura di Laura e di Giulia in sicurezza.

Madre e figlie si godettero la pace fino alla notte del 14 gennaio 1904, quando Mora, ubriaco, penetrò nella loro abitazione e insistette per rimanere lì a dormire. Laura, sia pure tremendamente debole, tentò di fare una corsa fino alla scuola. Era appena riuscita a uscire dalla porta quando Mora la afferrò e cominciò a frustarla per strada.

Le grida di Laura attirarono i vicini. Innervosito dalla folla, Mora fece sdraiare la ragazzina malata sul cavallo, ma poi ci ripensò. Gettandola sulla strada, ripartì al galoppo.

Quel poco di salute che era rimasta a Laura deteriorò rapidamente. Venne chiamato padre Crestanello. Dopo aver ascoltato la sua Confessione e averle dato l'assoluzione, le pose alcune domande. In presenza di testimoni, Laura gli disse che perdonava Mora e che non gli portava alcun rancore. Soltanto lei e il sacerdote sapevano che il suo apostolato del perdono non era finito. L'atto supremo doveva ancora venire.

Nel pomeriggio del 22 gennaio, un missionario salesiano diede il viatico a Laura, alla presenza di sua madre e due compagne di classe. La ragazza morente fece segno che desiderava parlare con la madre in privato, per cui gli altri si allontanarono un po'. Fu allora che Laura rivelò di aver offerto la propria vita per la conversione di sua madre. Questa rivelazione riuscì a toccare Mercedes laddove tutti i precedenti appelli della ragazza lungo gli anni avevano fallito. Madre e figlia si abbracciarono.

Laura chiamò a sé il sacerdote: «Padre, mia madre ha promesso di lasciare quell'uomo». Una grande pace si era diffusa sul suo volto. Pochi istanti dopo, si spense recitando preghiere di ringraziamento a Gesù e Maria[14].

Alla Messa della Veglia di Pasqua, prima che venga acceso il cero pasquale, il sacerdote inserisce cinque granelli d'incenso nella candela formando una croce, che simboleggia le ferite di Cristo. Mentre affonda i granelli nella cera, dice: «Per mezzo delle sue sante piaghe gloriose, ci protegga e ci custodisca il Cristo Signore». Soltanto dopo che sono state richiamate queste ferite la luce del Cristo Risorto, simboleggiata dal cero acceso, risplende e riversa il suo bagliore a ogni cero nella chiesa. Se tutte le storie in Cristo sono a lieto fine, immerse nella luce che si effonde dalle sue ferite, che cosa dice questo riguardo alle vicissitudini che rimangono in me ora che, attraverso il mio Battesimo, vivo nella sua luce?

[14] J. Cussen, «La Beata Laura Vicuña: The Nun's Version, Corrective of García Márquez's», *Religion and the Arts,* 11 (2007), p. 402.

6

L’AMORE CHE S’APPROFONDISCE

Avvicinarsi a Dio e a vicenda – con Dorothy Day

Qui al Nord in una notte di primavera la foresta di faggio può sbocciare, accogliere nel suo giovane, luminoso splendore i raggi del sole che nasce: in un solo istante, dentro di noi può nascere e svilupparsi in pensieri, parole e azioni il seme del peccato depositato durante la vita; si solleva e si sviluppa in un solo istante quando la coscienza si risveglia; e Nostro Signore la risveglia quando meno ce lo aspettiamo.

Hans Christian Andersen, *Anne Lisbeth*[15]

Per circa sei anni, intorno ai vent’anni, mentre soffrivo di depressione tendente al suicidio che ora so essere collegata al disturbo da stress post-traumatico, cercai aiuto da un noto psicoterapeuta a New York.

Alcune persone si sorprendono quando dico loro che quel dottore, formatosi in una delle migliori università americane, con eccellenti credenziali professionali nell’ambito della prevenzione dei suicidi, mancò di diagnosticare il mio Ptsd. La ragione è semplice: come molti esponenti della professione psichiatrica, era for-

[15] Andersen, *Fiabe e storie*, p. 602 [*ndt*].

mato a vedere le attività sessuali come un elemento positivo, senza ulteriori precisazioni. Di conseguenza, non vide alcuna relazione tra il mio desiderio di autolesionismo e la mia esibizione di una maschera sessualmente provocante. Non sembrò mai venirgli in mente che forse ero una vittima di abusi sessuali che tentava di nascondere la sua vulnerabilità proiettando un falso io. Tutto il contrario, anzi: il comportamento che un terapeuta più illuminato avrebbe visto come patologia, lui lo vedeva come un segnale di salute. Credeva che il suo ruolo fosse quello di aiutarmi a liberarmi da qualsiasi blocco residuo mi impedisse di condurre uno stile di vita completamente "emancipato".

Le nostre sedute erano come il sacramento della Confessione al contrario. Raccontavo le varie cose che avevo fatto per tentare di distrarmi dalla mia depressione. Solitamente riguardavano il pensare a, o impegnarsi in atti che ora so essere peccati contro il sesto o il nono comandamento, quali fare degli altri un oggetto sessuale e incoraggiarmi a vedermi come un oggetto sessuale. Trascorsi quarantotto minuti, lo psichiatra, dopo aver espresso la propria approvazione per il modo in cui mi stavo "autorealizzando", recitava sempre la sua massima preferita, «Saremo chiamati a rispondere delle gioie non godute».

Le parole dell'aforisma citato dal mio psichiatra venivano dal Talmud (la legge orale ebraica), ma le stava citando completamente fuori dal contesto. Stava confondendo il puro piacere con la gioia. Il piacere è interamente radicato nella sensazione. I cani possono provare piacere. La gioia è radicata nella mente e nel cuore. È un dono divino che può essere sperimentato soltanto dalle persone. Poiché non è legata a esperienze sensoriali, possiamo sperimentare gioia anche nel bel mezzo della sofferenza. Se il dottore avesse veicolato il vero significato della massima, mi avrebbe aiutato a capire che cosa mancava in quel momento nella mia vita. Invece, lo buttava fuori come a dire: «Va' e pecca ancora un po'».

Alla fine, dopo anni di una terapia simile, vedendo che la mia depressione e disperazione continuavano a peggiorare, ebbi finalmente il buon senso di cambiare psichiatra. Comunque, fu solo dopo aver ricevuto la grazia della fede che i miei pensieri autodistruttivi diminuirono. Con l'andare del tempo, quella medesima grazia mi condusse a scoprire fino a che punto la mia elaborazione di una facciata iper-sessualizzata non fosse riuscita a proteggermi dagli effetti dell'abuso, come descritto al capitolo 3. Assistita dalla preghiera, dalla Scrittura e – dopo essere entrata nella Chiesa cattolica – dai sacramenti, abbandonai il mio falso io. Invece, imparai a convivere con la mia vulnerabilità come un dato di fatto, comportandomi con rispetto per la mia dignità e quella degli altri.

Il Sacramento della Penitenza mi assistette enormemente nell'imparare come realizzare la mia identità autentica in Cristo – ma per prima cosa dovevo imparare che la Confessione non è la stessa cosa della terapia. Innanzitutto, c'è l'ovvia differenza che una è un sacramento e l'altra non lo è. Indipendentemente da quale sia la tariffa applicata da uno psichiatra, il potere di perdonare i peccati sarà sempre sopra il livello del suo compenso. Oltre a ciò, comunque, vi è un'altra distinzione fondamentale: la terapia riguarda soltanto me, mentre la Confessione riguarda me vista in relazione a Dio. Questa seconda distinzione è difficile da spiegare per iscritto, ma, come avrei scoperto successivamente, si chiarisce nella pratica.

Devo per forza sorridere quando ricordo le mie prime confessioni. Possono essere riassunte in due parole: troppe informazioni. Oggi so che, sebbene ci siano occasioni in cui è utile spiegare il contesto, il mio dovere è compiuto quando sciorino i miei peccati, osservo la frequenza con cui ho commesso ciascuno di essi e mi pento sinceramente. Allora, comunque, partivo dall'errato presupposto che nessuna confessione fosse completa senza abbondanti retroscena. I sacerdoti cercavano di dirmi che non avevano bisogno di sentire tutti i dettagli, ma le vecchie abitudini erano dure a morire. Un pochino di divina provvidenza era necessaria per rimettermi in riga.

Era l'Avvento 2006; ero diventata cattolica da otto mesi. Dopo aver passato il pomeriggio a fare volontariato nell'Upper East Side di Manhattan, entrai in un confessionale nella chiesa di San Vincenzo Ferrer, dove trovai un domenicano con l'aria da nonno. A quell'epoca, il mio primo libro *The Thrill of the Chaste* [Il brivido delle persone caste] era appena uscito. Ero completamente posseduta dall'eccitazione di essere un'autrice all'esordio, al punto che tutto il resto nella vita, compreso il mio rapporto con Dio, passava di gran lunga in secondo piano. Non c'erano dubbi che avessi materiale per la confessione. Ma come cominciare?

Se fosse oggi, direi qualcosa come: «Mi sono fatta prendere da pensieri superbi; in tante occasioni non ho celebrato la gloria di Dio; ho provato sentimenti d'invidia alcune volte» e così via. Invece, esordii: «Vede, padre, ho scritto un libro».

Gli occhi del sacerdote si illuminarono e improvvisamente sembrò di molti anni più giovane. «Davvero?», mi interruppe. «*Io* ho scritto un libro».

«Oh, uh, davvero?», dissi. «Che bella cosa!» E il prete chiacchierò felicemente della sua opera letteraria – ancora in stampa dopo vent'anni, disponibile sul principale sito di acquisti online ecc. ecc. ecc. – mentre ascoltavo educatamente pensando: *Ma io voglio parlare del* mio *libro, non del* suo. Grazie al cielo, dopo un minuto, ci ricordammo entrambi dove eravamo, e io completai la mia confessione – con un pizzico di umiltà in più di quando ero entrata nel confessionale. Ma soltanto un pizzico in più.

Non molto tempo dopo Capodanno, tornai in confessionale, nella Chiesa di San Francesco d'Assisi nel centro di Manhattan, vicino agli uffici del *Daily News*, dove lavoravo all'epoca. Questa volta il mio confessore era un francescano di una certa età. Non avendo imparato nulla dalla mia precedente esperienza, dissi di nuovo: «Ho scritto un libro, e...». «Davvero?» Un sorriso entusiastico si dipinse sul volto dell'anziano sacerdote: «*Io* ho scritto un libro».

Capii finalmente che forse Dio stava cercando di dirmi qualcosa.

Dorothy Day (1897-1980), una convertita adulta alla fede cattolica, sapeva che cosa volesse dire confessarsi riguardo a un libro. Oggi, la cofondatrice del Movimento dei lavoratori cattolici, la cui causa di beatificazione è già iniziata, viene spesso chiamata la "Madre Teresa americana" per la sua opera di assistenza ai poveri e ai sofferenti. Nel 1924, comunque, era molto lontana dalla pace che avrebbe trovato faticando nella vigna del

Signore. Quell'anno, pubblicò il romanzo *L'undicesima vergine*, che riguarda una donna la quale, nel disperato tentativo di non perdere il proprio uomo, accetta di abortire. Si trattava in effetti della vicenda personale di Dorothy – un tentativo mascherato da romanzo di elaborare il dolore e il rimorso latente per l'aborto patito cinque anni prima.

Diventata cattolica nel dicembre 1927, Dorothy si vergognò sempre di più che i dettagli dei suoi peccati passati fossero noti a tutti i lettori dell'*Undicesima vergine*. Descrivendo questo periodo della sua vita a un amico decenni dopo, ricordava che più pensava al romanzo, più si convinceva di dover «rintracciare ogni singola copia [del libro] e distruggerla, una a una» – ci fosse voluta anche tutta la vita. «Mi vergogno altrettanto di *questo*: il peccato di superbia, se mai ce ne fosse uno». Il timore che la gente potesse trovare il libro nelle biblioteche la teneva sveglia la notte. «Provai persino a scoprire quante biblioteche ci fossero nel Paese»[1].

Infine, Dorothy rivelò la propria ossessione a un sacerdote in confessionale. La sua prima reazione fu una risata. Sollevata, Dorothy pensò che le avrebbe semplicemente consigliato di darsi le giuste priorità. Ed ecco la sorpresa:

> Mi ricorderò fino all'ultimo giorno qui sulla Terra di Dio quello che disse il prete: «Non puoi avere molta fede in Dio se prendi la vita che ti ha dato e la usi in questa maniera». Non dissi una parola in risposta. Egli

[1] Le citazioni in questo capoverso sono tutte tratte da R. Coles, *Dorothy Day: A Radical Devotion* [Dorothy Day: Una dedizione radicale], Da Capo Press, Cambridge, MA 1987, p. 37.

aggiunse: «È Dio a perdonarci, se glielo chiediamo: e sembra che tu non voglia nemmeno il perdono – soltanto liberarti dei libri»[2].

Poi il sacerdote citò san Paolo: «La nostra *lettera siete voi*, *lettera* scritta nei nostri cuori, conosciuta e letta da tutti gli uomini. È noto infatti che *voi siete* una *lettera* di Cristo composta da noi, scritta non con inchiostro, ma con lo Spirito del Dio vivente, non su tavole di pietra, ma sulle tavole di carne dei vostri cuori» (Seconda lettera ai Corinzi 3,2-3).

La sapienza della Scrittura toccò il cuore di Dorothy. Stava spendendo energie per distruggere quello che aveva scritto su alberi morti, quando avrebbe dovuto mostrare al mondo quello che Dio aveva scritto nel suo cuore – una lettera d'amore viva destinata a essere «conosciuta e letta da tutti gli uomini».

> Da allora, [ammise Dorothy] penso ancora a quel mio libro. Spero ancora che chi non l'ha letto non lo leggerà mai. Ma non sono così preoccupata come lo ero una volta e a ogni anno che passa me ne dimentico sempre di più. Ma non si può dimenticare la propria vita, e anche se Dio ti ha perdonato... quello che era sbagliato, era sbagliato, e i ricordi li abbiamo per un motivo – per imparare dai nostri errori e non continuare a ripeterli[3].

L'esperienza di Dorothy illustra una verità che sono arrivata a scoprire per me stessa. Se la confessione non è una terapia, è però una chirurgia. Per me, che sono

[2] *Ivi*.
[3] *Ivi*, p. 38.

sopravvissuta a un cancro, è un po' come se mi fosse stato rimosso un tumore.

Sapendo di avere qualcosa dentro di me che potrebbe essere mortale, mi presento al "chirurgo" – cioè il confessore. Identifico per lui, meglio che posso, che cos'è il male da asportare. Dato che è formato a diagnosticare le malattie dell'anima, è possibile che mi dica che alcune delle cose che penso siano maligne non sono poi tanto gravi. Comunque, se questi leggeri malanni sono ingarbugliati con qualcosa di maligno, un confessore che è un buon direttore spirituale mi aiuterà a discernere dove i pensieri non peccaminosi si incrociano con quelli peccaminosi[4]. Un confessore simile somiglia al chirurgo esperto che è stato capace di rimuovere la mia tiroide cancerosa senza danneggiare le corde vocali che la circondavano.

Allo stesso tempo, attraverso la grazia santificante somministrata nell'assoluzione, il mio confessore – o piuttosto il Medico Divino che agisce per suo tramite – avvia un effetto nell'ambito spirituale che va molto oltre qualsiasi effetto che il mio chirurgo potrebbe raggiungere nell'ambito fisico. Un'altra analogia con il cancro ci aiuta qui. Anche dopo la rimozione della tiroide, e anche nella scia dei trattamenti post-operatori, ci saranno sempre cellule tiroidee avanzate nel mio sistema. Queste cellule non sono necessariamente cancerose, ma l'esperienza passata indica come siano particolarmente soggette al cancro. In modo analogo, indipendentemente dalla sincerità e dalla frequenza delle mie confessioni, rimarrà sempre in me la *fomes*

[4] Per consigli su come trovare un buon direttore spirituale, si vedano le Risorse, p. 256.

peccati – «l'incentivo del peccato», meglio conosciuta come concupiscenza.

Per capire la concupiscenza, aiuta riflettere su ciò che è stato perso con il peccato originale. Adamo ed Eva, prima della loro disobbedienza, erano entrambi perfettamente allineati dall'alto in basso. Il corpo era sottomesso all'anima, le passioni erano sottomesse alla ragione e la ragione era sottomessa a Dio. Siccome erano integrati così perfettamente, era impossibile che le sensazioni che sorgevano nei loro corpi li spingessero a ricercare la propria volontà al di sopra di quella del loro amorevole Creatore.

Poi giunse il primo peccato, che mandò all'aria l'edificio umano perfettamente ordinato. Il corpo si ribellò all'anima, le passioni si ribellarono alla ragione e la ragione si ribellò a Dio. Attraverso le grazie del battesimo, e il rinnovo delle grazie battesimali mediante gli altri sacramenti della Chiesa, la persona umana si riconcilia con Dio, ma l'inclinazione al peccato resta. La concupiscenza, il termine usato per tale inclinazione, comprende le tentazioni alla lussuria, superbia, invidia, gola – tutte le cose che la società tenta di scusare come modi di «farsi rispettare».

Tornando all'analogia con il cancro, se rimane nel mio corpo anche una singola cellula tiroidea, non ne può venire niente di buono – soltanto la potenzialità di una nuova situazione maligna. Ed è proprio qui che l'analogia smette di funzionare. Fintantoché resisto a ricadere nel peccato, la grazia santificante del Sacramento della Penitenza trasforma le mie inclinazioni potenzialmente maligne in strumenti attivi di perfezionamento. Padre John C. Edwards, sj chiama quest'effetto del sacramento la «consacrazione della debolezza». Essa consente a Cristo di entrare nella nostra vita in un modo nuovo, similmente all'Unzione degli Infermi. Quando un paziente oncologico riceve l'Unzione, scrive padre Edwards, anche se non si produce una guarigione fisica, «Cristo, però, ha davvero toccato quel cancro».

> L'effetto è che, nel crescere cellula per cellula, istante per istante, in ogni episodio della malattia – doloroso, deprimente, umiliante – essa sta conferendo la vita di Cristo. L'invalido ha una specie di meccanismo di santificazione incorporato: la cosa stessa che lo sta indebolendo, che lo introdurrà nell'agonia della morte e lo introdurrà nell'eternità lo sta al contempo santificando. La risposta a tutti i suoi bisogni è la malattia stessa... [Nel] Sacramento della Penitenza... non è un cancro fisico a essere toccato, ma uno di tipo spirituale. La peccaminosità radicale, forse più profonda di quanto non possano esprimere le parole, è stata posta dinanzi a Cristo e alla sua Chiesa; e Cristo la tocca. Quella radice del peccato [l'inclinazione al peccato] potrebbe non essere curata, ma è ora una debolezza consacrata a Cristo. Essa continuerà, ma, toccata da Cristo, è ora un appello continuo non soltanto alla misericordia ma all'unione: l'uomo è più sano a causa della sua peccaminosità[5].

Una benedizione tradizionale che i confessori possono impartire dopo l'assoluzione del penitente racchiude questa «consacrazione della debolezza». Invocando la Passione di Gesù, i meriti della Beata Vergine Maria e di tutti i santi, il sacerdote prega: «Possa... qualsiasi

5 J. Edwards, sj, *Ways of Forgiveness* [Vie del perdono], Family Publications, Oxford, UK 1996, pp. 10 e 11.

bene tu faccia e qualsiasi torto tu patisca, guadagnarti il perdono dei tuoi peccati, un incremento di grazia e la ricompensa della vita eterna». Con tale benedizione, la Chiesa mi dice che Dio non guarisce solamente le mie ferite. Quando unisco il mio cuore al Sacro Cuore del Suo Figlio, le cui ferite sono ora glorificate, mi guarisce *attraverso* le mie ferite. Attraverso il grande amore e la misericordia di Dio, le mie ferite personali diventano occasioni di grazia, salvezza e – nella maniera più misteriosa – gioia.

Un'altra prospettiva sul potere risanatore dei sacramenti viene da Sarah Dickerson, moglie, madre e relatrice a corsi di preparazione al matrimonio nell'Arcidiocesi di Filadelfia. Quando Sarah aveva otto anni, fu invitata a guardare una raccolta di pornografia hard. Le immagini di sfruttamento brutale sconvolsero profondamente la giovane Sarah. «Da allora in poi», dice, «fui frequentemente ossessionata dalle faccende sessuali»[6]. Allo stesso tempo, la sua situazione a casa era tesa, giacché i genitori erano «molto male assortiti». L'ossessione e l'interesse sessuali divennero la via di fuga dal matrimonio poco riuscito dei suoi genitori. Condizionata da tale interesse, continuò successivamente a prendere «una miriade di decisioni distruttive» da adolescente e giovane adulta. «Desideravo fortemente e cercavo una terapia per guarire mentre inciampavo continuamente nel peccato sessuale».

Durante il primo anno da matricola all'università, il bisogno di guarigione condusse Sarah alla Chiesa cattolica. Vide gli insegnamenti della Chiesa sul peccato e la riconciliazione come un mezzo che le veniva offerto

[6] *Ivi*, p. 11.

per superare il pessimismo instillato in lei dal protestantesimo luterano in seno al quale era stata cresciuta:

> Per esempio, mi fu insegnato che siamo *assolutamente depravati* a causa del peccato originale, mentre la Chiesa cattolica insegna che siamo *profondamente feriti* dal peccato originale stesso. La concezione cattolica della profonda ferita che ci contraddistingue è stata essenziale per la mia guarigione continua, giacché essa lascia spazio all'impronta divina sotto il disordine presente in ciascuno di noi.
> «E Dio vide che era cosa buona», dice la Genesi del creato, compresi l'uomo e la donna. Nel nostro nucleo fondamentale c'è il bene. La grazia dei sacramenti attiva dentro di noi continua a disvelare quel bene, cercando di restituirci all'innocenza, e liberarci dalla nostra sessualità ferita. Non sottovalutate il potere dei sacramenti, il potere della vita stessa di Dio in noi, per aiutarci a compiere scelte migliori, diverse e più vivificanti[7].

So per esperienza personale che la grazia sacramentale funziona veramente per guarire la volontà intaccata dal peccato. Allo stesso tempo, mentre molti cattolici – ancor più tutti i convertiti come Sarah e me – possono testimoniare il potere trasformativo dei sacramenti, il loro entusiasmo può essere fuorviante. La grazia non è magia. Può magari motivarci a prendere decisioni positive nel breve termine ma, se è destinata ad avere un

[7] Tutte le citazioni in questo capoverso sono tratte dagli appunti inediti di Sarah Dickerson per la *Relazione sulla sessualità ferita*, 2011.

effetto duraturo, richiede la nostra continua collaborazione. In più, anche considerati i nostri migliori sforzi, la guarigione si verifica nei tempi di Dio, non nei nostri. Se vogliamo vedere un esempio splendido di come collaborare con la grazia può, nel tempo, condurre una persona profondamente ferita alla realizzazione in Cristo, non dobbiamo che soffermarci su Dorothy Day.

Nella sua autobiografia, *The Long Loneliness* [Una lunga solitudine], Dorothy fa un'osservazione generale circa le donne che pensano alle cose necessarie alla vita familiare – alla casa, ai figli e «specialmente all'amore»[8]. «E nella loro costante ricerca d'amore», aggiunge, «vanno contro i propri interessi»[9]. È il modo in cui lei spiega perché, prima della sua conversione, assumesse comportamenti che in definitiva le erano dannosi. Tentava di riempire un buco nel suo cuore – un buco reso più profondo dal rifiuto dei genitori.

Cresciuta in un appartamento di Chicago, Dorothy – la terza di cinque figli – ammirava molto suo padre, il cronista sportivo John Day, nonostante egli fosse emotivamente distante, dispotico e talmente assorbito dal lavoro da trascurare la sua famiglia. La madre di Dorothy, Grace, sembra aver gestito l'assorbimento in se stesso del marito seppellendosi nei doveri casalinghi. Sebbene Dorothy provasse una grande tenerezza nei suoi confronti, nella *Lunga solitudine* Grace emerge più come rispettosa che infatuata del marito.

Dorothy è molto accondiscendente verso il comportamento del padre. Ammette che la trattava «come una bambina», mantenendone ben salde le redini fino al di-

[8] D. Day, *Una lunga solitudine*, Jaca Book, Milano 2002, p. 68.
[9] *Ivi*, pp. 68-69.

ploma liceale a sedici anni. Geloso della sua vita privata, impediva a lei e agli altri figli di invitare a casa gli amici, vietando loro allo stesso tempo di andare a trovarli. «Ricordo che avevamo molto tempo libero, molto tempo da soli», ammette. Rimango sconcertata da come tenta di spiegare sbrigativamente tale negligenza, come se temesse di essersi lamentata troppo: «Il fatto che nostro padre non ci lasciava uscire e non voleva gente in casa ci esonerò da una esistenza attiva, come tanti altri avevano»[10].

Il suo desiderio di dire la verità alla fine ha la meglio quando racconta dei «tristi pomeriggi quando non c'era niente da fare»:

> I genitori non facevano nulla per distrarci o farci divertire. Dovevamo sorbirci i nostri malumori e vincerli. A volte mia sorella e io, tanto per scacciare la noia, ci mettevamo a fare lavori domestici[11].

Fu a quest'epoca, a dieci anni, che la fede cominciò a dare a Dorothy un livello di gioia molto superiore a quello che mai avesse sperimentato a casa. Sebbene la famiglia Day non fosse religiosa, un pastore locale convinse Grace a lasciar cantare i figli nel coro della sua chiesa. Dorothy cominciò a frequentare la Chiesa episcopale e rimase sopraffatta dalla bellezza dei canti liturgici. La sovrabbondante gratitudine espressa dal *Te Deum* e dal *Benedicite* le aprì un mondo di meraviglia che, da giovane adulta, sarebbe diventato per lei un principio di recupero – salvandola dal precipizio del-

10 *Ivi*, p. 41.
11 *Ivi*, p. 42.

la morbosità e della disperazione[12]. Venne battezzata e cresimata nella Chiesa episcopale.

Un ulteriore motivo di gratitudine emerse quando Dorothy aveva quattordici anni e ricevette la benedizione di un nuovo fratello, che sarebbe stato l'ultimo. Si innamorò del neonato, prendendosene cura come se fosse suo. Accompagnare la sua scoperta delle immagini e dei suoni del mondo rinnovò l'entusiasmo di Dorothy per la creazione di Dio.

Persino gli atti più semplici, quali abbracciare o baciare il neonato, le portarono grande gioia, poiché era l'unico membro della famiglia con cui le fosse permesso essere affettuosa fisicamente. I suoi genitori non abbracciavano mai i propri figli; il solo affetto che ricevesse dalla madre era un «bacio forte e austero» ogni sera. (A giudicare da come lo descrive, mi fa pensare a quel genere di bacetto che significa: «Ok, ti ho baciato, ora vai via»). «Eravamo, come si suol dire, riservati... Era un atteggiamento di famiglia, tipico degli anglosassoni in genere», spiega Dorothy, il che magari risponde al vero ma non sembra aver semplificato in alcun modo la sua adolescenza[13].

A complicare ulteriormente le cose fu il suo crescente interesse per il sesso opposto. Con l'esclusione di tutte le manifestazioni d'affetto, compreso il contatto più innocente con familiari e amici, imparare come diventare una donna pienamente integrata fu un'autentica sfida. Ella avvertiva un collegamento tra le cose fisiche che le deliziavano i sensi e le cose spirituali che le deliziavano l'anima, e rimaneva frustrata di fronte

[12] Per il testo del *Te Deum*, si veda la Guida alla lettura, p. 244.
[13] D. Day, *Una lunga solitudine*, p. 48.

al divario apparentemente incolmabile tra le due categorie di cose. Molti anni dopo, avrebbe osservato: «La dissociazione della carne dallo spirito è un male e un frutto amaro in bocca»[14].

Dorothy fu ammessa all'università dell'Illinois con una borsa di studio nell'autunno del 1914. All'inizio, provenendo da un ambiente familiare con regole così restrittive, era elettrizzata dalla libertà appena trovata, ma la novità svanì presto. Nel giro di pochi mesi, era sopraffatta da sentimenti di desolazione e piangeva dalla mattina alla sera. Quando parla di questa tristezza nella sua autobiografia, la attribuisce alla «nostalgia di casa», ma le sue parole mostrano chiaramente che la fonte di tale stato non era nessun vero desiderio di casa. Era la sua incapacità di sopportare la separazione da John, che allora aveva due anni.

Nel mancato soddisfacimento dei bisogni affettivi infantili da parte dei suoi genitori – specialmente il trascurare dimostrazioni d'amore appropriate – l'esperienza di Dorothy ha delle risonanze in me come sopravvissuta all'abuso sessuale. Considerata sotto questa luce, non sorprende che, quando la sofferenza emotiva diventò troppo per lei, abbia adottato un falso io.

A quell'epoca cominciava a sviluppare un forte senso di solidarietà verso le masse sofferenti, ispirato dalla lettura degli autori del suo tempo impegnati nell'ambito della giustizia sociale e dalla vista dei bassifondi delle città che suscitavano la loro preoccupazione. La rabbia che sentiva di fronte alla situazione dei poveri si

[14] D. Day, «Random Reflections» [Riflessioni senza un ordine particolare], *Catholic Worker*, giugno 1944, pp. 1-2, www.catholicworker.org/dorothyday/articles/401.html.

aggiungeva all'amarezza della lontananza dal fratello, che era stato la sua principale fonte di affetto. Avvertendo la propria vulnerabilità emotiva, si decise a sopravvivere rifiutando tutto ciò che era simbolo di mollezza – cominciando dalla fede.

La linea di Karl Marx sulla religione quale oppio dei popoli fornì a Dorothy la scusa di cui aveva bisogno per creare una maschera ribelle che sarebbe stata l'antitesi della sua precedente pietà. Cominciò a nominare il nome di Dio invano per distinguersi dai cristiani che conosceva, la cui presenza le ricordava la debolezza di cui cercava di liberarsi. «Il distacco dal fratellino mi addolorava, ma dovevo voltare le spalle alla casa, alla fede e a tutte le cose gentili della vita per cercarne altre irriverenti»[15].

Non riusciva però a indurire il proprio cuore ai bisogni dei meno fortunati. «Il Signore ha detto "Beati i miti", ma non potevo essere mite al pensiero dell'ingiustizia. Desideravo un Signore che avesse scacciato i cambiavalute dal tempio, e volevo aiutare tutti coloro che combattevano contro l'oppressione»[16]. Il radicalismo le fornì lo sfogo di cui aveva bisogno per distrarre la mente dal vuoto nel suo cuore. Le masse divennero il suo grande amore. Si iscrisse al Partito Socialista e cominciò a sviluppare i propri talenti letterari nella speranza di utilizzarli per cambiare l'ordine sociale.

Nel giugno 1916, la famiglia Day si trasferì a New York dopo che il padre di Dorothy vi trovò lavoro in un giornale. Si trattava di una distanza eccessiva per

[15] D. Day, *Una lunga solitudine*, p. 54.

[16] D. Day, *From Union Square to Rome* [Da Union Square a Roma], capitolo 4, www.catholicworker.org/dorothyday/articles/204.html.

Dorothy, allora diciottenne. Abbandonò l'università per ritornare con la sua famiglia e, sperava, diventare giornalista in un quotidiano.

Quando Dorothy descrive il momento in cui tornò ad abitare in famiglia, si ripresenta immediatamente il motivo del rifiuto da parte dei genitori. Il padre sabotò la sua ricerca di un lavoro, indottrinando i suoi amici redattori affinché, se la ragazza fosse venuta a bussare alla loro porta, le dicessero che un giornale non è posto da donne. Quando, dopo mesi di ricerche, fu finalmente assunta per uno stipendio da fame da un giornale socialista, la reazione del padre, con il pieno sostegno della madre, fu di buttarla fuori di casa. «Mio padre aveva detto chiaro e tondo che le figlie non avrebbero lavorato finché stavano in casa con lui»[17]. Era cominciato l'esilio di Dorothy – e, con esso, l'«assidua ricerca» dell'amore che le mancava[18].

Quella ricerca la condusse negli abissi della subcultura radicale. All'epoca credeva di avere soltanto le motivazioni più alte per circondarsi di rivoluzionari dalla vita dissoluta: cercava di conquistare la libertà per i poveri, gli oppressi e gli umiliati. Più avanti, tornando retrospettivamente alla propria conversione, vide che avevano operato altri fattori – «Io parlavo di *me stessa*, dell'amore per me stessa, dei miei primi brancolamenti in ricerca dell'amore degli altri, dei miei desideri di libertà e piacere»[19].

Quando scrive quelle parole nella *Lunga solitudine*, Dorothy evita deliberatamente di menzionare l'esito

[17] D. Day, *Una lunga solitudine*, p. 62.
[18] *Ivi*, p. 68.
[19] *Ivi*.

più devastante degli sforzi per soddisfare i propri desideri: l'aborto avuto nel 1919, quando aveva ventun anni. L'uomo di cui rimase incinta, Lionel Moise, era, come suo padre, un giornalista. Era lieto di averla come amante e convivente, ma non era affatto interessato a un impegno di coppia. Come è stato scritto – correttamente, credo –: «[il] violento Moise era probabilmente un sostituto del padre emotivamente lontano di Dorothy e l'aborto era il tentativo di trattenerlo ad ogni costo»[20]. Non funzionò: persino prima che si fosse rimessa dalla procedura di raschiamento, Moise la lasciò.

La perdita del compagno e del bambino lasciò Dorothy letteralmente in lutto. Non molto tempo dopo l'aborto, nell'appartamento che Moise e lei avevano condiviso, aprì il forno a gas senza accenderlo e mise dentro la testa per respirare i fumi. Un vicino sentì la puzza di gas e corse dentro, salvandole la vita.

Dorothy continuò a vivere alla deriva dal punto di vista emotivo fino al 1925, quando lei e l'uomo di cui si era innamorata profondamente cominciarono a vivere insieme. Forster Batterham, un anarchico di professione biologo, condivideva sia la sua passione per le cause radicali sia il suo desiderio di intimità domestica. Si trasferirono in una casetta in una rilassata comunità lungo la spiaggia a Staten Island, e Dorothy godette di un genere di pace che non aveva mai conosciuto prima.

Si trattava, però, di una pace agitata. Tutto quanto aveva desiderato da quando aveva lasciato la casa paterna era suo: una relazione stabile con un uomo che

[20] S.J. Krupa, «An Introduction to Dorothy Day» [Un'introduzione a Dorothy Day], *America*, 27 agosto 2001, www.americamagazine.org/content/article.cfm?article_id=1140.

amava, un bellissimo posto in cui vivere, una cerchia di amici e una promettente carriera di scrittrice. Mancava soltanto una cosa: qualcuno da ringraziare.

La gratitudine che le si era gonfiata dentro da bambina era tornata con una forza soverchiante; doveva lasciarla uscire in qualche modo. La risposta, si rendeva conto, era una sola: «quella felicità mi faceva capire che se ne poteva ottenere dalla vita una maggiore di quella che fino allora avevo conosciuto. Cominciai a pensare, a ponderare le cose, e così intensificai coscientemente le mie preghiere»[21]. La sua preghiera crebbe in modi che non aveva conosciuto quando era un'episcopale praticante. Trovò conforto nella recita del rosario e nella partecipazione alla Messa domenicale. La Chiesa cattolica la attraeva per la sua autenticità e universalità. Nonostante tutta la sua pompa e tutto il suo splendore, rimaneva la Chiesa della gente. «La mia esperienza di radicale, la mia stessa natura mi portavano ad associarmi con altri, con le masse, nell'amore e nella preghiera a Dio»[22].

La gioia che sentiva non era gratuita. Mentre il suo atteggiamento di preghiera si manifestava nella vita quotidiana, fu angosciata nello scoprire che, come il Giardino dell'Eden all'inverso, seguire la chiamata di Dio le sarebbe costato il più grande paradiso terrestre che mai avesse conosciuto.

Alla luce della sua fede crescente, Dorothy notò delle differenze tra se stessa e l'esteta Batterham che aveva scelto di trascurare. Mentre il suo radicalismo nasceva da un amore per le persone, quello di lui derivava da

[21] D. Day, *Una lunga solitudine*, pp. 115-116.
[22] *Ivi*, p. 135.

una profonda sfiducia verso l'umanità. Dorothy ammirava le bellezze naturali che circondavano la loro casa, e in esse vedeva la stessa generosità divina che creò gli uomini e le donne. L'uomo che amava ammirava la stessa natura ma era risentito nei confronti degli esseri umani, perché mancavano di esibire tale perfezione.

Batterham ingiuriava particolarmente l'istituzione del matrimonio, inveendo contro la «tirannia dell'amore»[23]. «Certe volte non riuscivo quasi a capire perché stavamo insieme», ammette Dorothy, «giacché viveva con me come se fosse solo, né mi permise mai di dimenticare che questo era cameratismo, non matrimonio»[24].

Mentre continuava a cercare di conquistare un uomo che, come suo padre, rendeva il proprio amore irraggiungibile, Dorothy si sentì inseguire dal suo Padre celeste. Nel giugno 1925, seppe con gioia che era di nuovo incinta. Batterham, come Moise prima di lui, protestò contro la paternità imminente. Stavolta Dorothy non permise che la paura di essere lasciata le impedisse di realizzare il suo sogno di maternità.

Trovarsi incinta fu un autentico miracolo, giacché, dopo l'aborto, pensava di non poter avere più figli. Tuttavia, anche nel momento in cui sentiva che Dio la stava salvando dalla "sterilità", temeva che la sua apparente generosità potesse dimostrarsi uno scherzo crudele[25]. Scrisse più tardi a un'amica: «Mi aspettavo sempre piuttosto di poter amare soltanto una cosa brutta e grottesca; attendendomi forse di vedere i miei pec-

[23] *Ivi*, p. 119.
[24] *Ivi*.
[25] *Ivi*, p. 132.

cati riflessi nel bambino»[26]. Quando il neonato, venuto alla luce nel marzo 1926, risultò essere una bellissima femminuccia, Dorothy lo vide come segno vivente della misericordia divina.

Chiamò la figlia Tamar e cominciò a frequentare lezioni di catechismo, di modo che la neonata potesse essere battezzata nella Chiesa cattolica. «Sentivo che l'"appartenere" a una chiesa avrebbe portato nella vita di lei quell'ordine che a me era mancato»[27]. Batterham si oppose con veemenza, ma ancora una volta Dorothy trovò la forza di scavalcarlo. Nel giorno del Battesimo di Tamar nel giugno 1926, accorgendosi che era solo una questione di tempo prima che anche Dorothy entrasse nella Chiesa, Batterham punì madre e figlia andandosene precipitosamente dal ricevimento.

Il desiderio di Dorothy di far conoscere a Tamar l'"appartenenza" rivelava che, anche nell'intimità più prossima con Batterham, a lei per prima quell'appartenenza mancava. L'unione con la Chiesa era, si accorse, l'unica strada per uscire dalla sua «lunga solitudine»: «una fame spirituale... che c'era in me, indipendentemente da quanto fossi felice e realizzata nella mia vita personale»[28].

Nonostante l'iniziale opposizione alla paternità, ben presto Batterham cominciò ad amare sempre di più Ta-

26 D. Lynch, *Dorothy Day's Pro-Life Memories* [I ricordi di Dorothy Day associati alla difesa della vita], Catholicexchange.com, 24 settembre 2002, ripubblicato dal *Catholic Education Resource Center* [Centro Risorse per l'Istruzione Cattolica], www.catholiceducation.org/en/controversy/abortion/dorothy-day-s-pro-life-memories.html.

27 Day, *Una lunga solitudine*, p. 137.

28 Coles, *Dorothy Day: A Radical Devotion*, p. 62.

mar. Il legame che Dorothy sentiva con lui nel condividere i doveri genitoriali, insieme con il desiderio che la bambina crescesse con due genitori, la condusse a ritardare l'ingresso nella Chiesa. Contro ogni speranza lei sperava che, con la preghiera e il passare del tempo, Batterham potesse acconsentire a sposarla. «Mi sentivo morire al pensiero di lasciarlo»[29].

Le tensioni della coppia continuarono per alcuni mesi finché una lite portò Batterham ad andarsene. Quando tornò, due giorni dopo il Natale del 1927, Dorothy si rifiutò di lasciarlo entrare in casa. Il giorno seguente, dopo aver lasciato Tamar alle cure di sua sorella, fu battezzata in via condizionata in una chiesa cattolica (in caso il battesimo episcopale fosse invalido) e fece la sua Prima Confessione. Avrebbe ricevuto la Prima Comunione il mattino seguente. Dopo una vita di ricerca, era finalmente tra le braccia di un «Padre gentile che è così superiore ai nostri padri terreni che ci perdonerà tutti i nostri peccati, persino i più gravi, che non ci darà una pietra se gli chiediamo il pane»[30].

In *Una lunga solitudine*, Dorothy non dice che sensazione le desse sentire per la prima volta la formula di assoluzione «ego te absolvo», «io ti assolvo» e conoscere il perdono di Dio. Il suo successivo tentativo di distruggere le copie rimanenti del proprio romanzo suggerisce che, sebbene intellettualmente credesse nel sacramento della Riconciliazione, doveva ancora accettare la realtà piena della Divina Misericordia. Ciononostante, mi piacerebbe pensare che, dato il suo desiderio di riparare all'aborto, vedesse un altro segno del-

[29] Day, *Una lunga solitudine*, p. 142.
[30] Day, *From Union Square to Rome*, cap. 13.

la divina misericordia nella provvidenziale tempistica della sua accoglienza nella Chiesa. Era il giorno in cui la Chiesa onora coloro che furono martirizzati quando Erode, nella sua gelosia per le notizie della nascita del Messia, ordinò ai suoi soldati di uccidere tutti i figli maschi dai due anni in giù a Betlemme e nelle vicinanze (Matteo 2,16). Nel giorno dei Santi Innocenti, Dorothy Day – che provava un tale rimorso per aver posto fine a una vita innocente – fece della propria vita stessa un sacrificio gradito al Signore.

La perdita di Batterham lasciò Dorothy affamata di compagnia. Nel corso dei cinque anni successivi, si sforzò di riempire lo spazio vuoto – facendo la mamma con Tamar, partecipando alla Messa quotidiana, confessandosi settimanalmente e continuando a scrivere – ma il desiderio rimase. Poi Dio produsse in lei un cambiamento, il genere di cambiamento che io credo egli produca in tutte le persone ferite che lo desiderino e che attendono pazientemente gli effetti della grazia. Trasformò il proprio cuore in maniera tale che, invece di ricevere amore, cercava di dare amore, di amare Dio attraverso l'amore per gli esseri umani come lei: «Recitai una preghiera speciale, accompagnata da lacrime e dolore, perché mi si aprisse una qualche strada che mi consentisse di usare quel po' di talento che avevo a favore di fratelli lavoratori e poveri»[31].

Il giorno dopo – il 9 dicembre 1922 – incontrò Peter Maurin, l'espatriato idealista francese che le diede l'ispirazione per il giornale e l'apostolato del *Catholic Worker* [Il lavoratore cattolico]. Maurin cercava di por-

31 Day, *Una lunga solitudine*, p. 158.

tare la teologia del Corpo Mistico – la dottrina secondo la quale siamo tutti una sola cosa in Cristo – in ogni settore del lavoro, dello studio e della realizzazione dell'uomo. Si trattava di un ordine molto elevato, certamente, eppure Dorothy lo presentò nelle pagine del *Catholic Worker* in termini tali da aiutare le persone a incorporarlo nella propria vita quotidiana. Quando morì nel 1980, il suo appello appassionato che i cattolici vivessero i valori evangelici della pace, della preghiera, della penitenza e della misericordia aveva ormai raggiunto milioni di persone in tutto il mondo.

Forse l'intuizione maggiore che Dorothy aggiunse alla visione di Maurin fu il suo riconoscimento della preghiera della Chiesa, specie della Messa, quale fondamento di tutta l'attività cattolica nel mondo. Insegnò come le idee della fratellanza universale trovino la propria dimostrazione e realizzazione nel santissimo sacrificio in cui Cristo è realmente presente sull'altare. Gesù si sacrifica per noi affinché possiamo, in unione con lui, sacrificarci per gli altri. «Non oserei scrivere o parlare o cercare di seguire la vocazione che Dio mi ha dato di lavorare con i poveri e per la pace, se non avessi questa costante rassicurazione da parte della Messa, la confidenza che la Messa offre (la parola stessa confidenza significa "con fede")»[32].

Dopo aver lasciato Batterham rimase nubile e casta per il resto della sua vita. Non fu sempre facile, specialmente nei primi tempi. Ma con il crescere del *Catholic Worker*, acquisì la consapevolezza di non essere davve-

[32] D. Day, «On Pilgrimage – March 1966», *The Catholic Worker*, marzo 1966, www.catholicworker.org/dorothyday/articles/249.html.

ro da sola, né che Tamar fosse la sua unica figlia. «Sono una madre e con ciò la madre di una grande famiglia. Essere madre significa realizzarsi, sottomettersi agli altri, essere madre è amore e naturalmente sofferenza. Egli ha fatto "di una donna sterile che abitava una casa la madre gioiosa di bambini" [Salmo 113,9]»[33].

Divenne un importante strumento di guarigione per molte anime ferite. Oltre trent'anni dopo la sua morte, il ricordo del suo amore materno rimaneva fresco nella mente della volontaria del *Catholic Worker* Mary Lathrop:

> [Dorothy era] una madre spirituale, ma era anche davvero la sostituta ideale poiché mia madre ed io avevamo un rapporto molto distante. Mia madre e il mio patrigno erano fortemente critici. Sapevo che indipendentemente da quello che facessi non sarei stata abbastanza brava. Eppure Dorothy mi accettò completamente quale ero come persona. Non mi disse che non ero abbastanza brava, non mi disse che dovevo essere diversa da quella che ero; si trattava semplicemente di un'accettazione totale, il che per me era una novità[34].

L'esperienza della Lathrop riflette come Dorothy mettesse in pratica quanto predicava. Credendo che Cristo fosse «presente con noi oggi nel Santissimo Sacramento in modo altrettanto reale come quando camminava con gli apostoli», ella portava l'amore che riceveva

33 Day, *Una lunga solitudine*, p. 219.
34 R. Simmonds e W. Bull, *You Are Still My Mother* [Sei ancora mia madre], 1 maggio 2011, www.traces-cl.com/2011/05/youarestill.html.

nella Messa nelle interazioni di tutti i giorni[35]. «Quando Dorothy era presente», dice l'operatore del *Catholic Worker* Jim Forest, «era totalmente presente»[36].

Leggendo storie come queste, ammiro come, con la grazia di Dio, Dorothy fu in grado di dare agli altri la compassione che a lei stessa era mancata da bambina. Per cui è con sorpresa che leggo le successive parole della Lathrop riguardo all'esperienza della maternità spirituale di Dorothy: «Non si trattava di un rapporto tutto baci e abbracci. Era un affetto di natura spirituale, ma qualche volta, quando ero in visita con lei, e prima di congedarmi da lei, voleva che venissi e le dessi un bacino leggero prima di andar via»[37].

«Un bacino leggero». Le parole della Lathrop ricordano la descrizione da parte di Dorothy del bacio della buonanotte «fermo, austero» di sua madre.

Quando lessi in *Una lunga solitudine* di come la renitenza dei genitori a mostrare affetto fisico la condusse a sperimentare un disturbante «conflitto» tra lo spirito e la carne, inizialmente rimasi delusa[38]. Voglio credere che abbia superato tutti gli effetti delle proprie ferite infantili. Voglio pensare che crescendo si sia lasciata alle spalle il senso giovanile di dissociazione. Voglio sapere che non si trasformò nella propria madre.

Poi rileggo le parole della Lathrop riguardo all'«accettazione totale» ricevuta, e mi vergogno della mia

[35] D. Scott, *Praying in the Presence of Our Lord with Dorothy Day* [Pregare in presenza del Signore con Dorothy Day], Our Sunday Visitor, Huntington, IN 2002, p. 34.
[36] J. Forest, *Remembering Dorothy Day* [Ricordando Dorothy Day], www.jimandnancyforest.com/2005/01/09/remembering.
[37] Simmonds e Bull, *You Are Still My Mother*.
[38] Day, *Una lunga solitudine*, p. 48.

idea autoreferenziale di quello che dovrebbe essere una santa. Dorothy, nel donarsi completamente a Dio attraverso il prossimo e al prossimo attraverso Dio, incarnava una maternità spirituale che andava davvero oltre qualsiasi cosa avesse mai ricevuto. In più, non reclamò mai di aver perfettamente riconciliato la carne e lo spirito. Al contrario, questa grande donna, che iniziò la propria autobiografia con un aneddoto riguardante l'accostarsi alla Confessione, portò la propria ferita infantile con l'umiltà di chi ha consacrato la propria debolezza. Non è mai completamente a suo agio nel corpo (ma, allora, non lo era nemmeno san Paolo – si veda 2Cor 5,8), tuttavia il suo disagio è sempre mescolato a uno stupore divino: «Una donna contempla il proprio corpo, "quel vaso d'argilla", quel tempio dello Spirito Santo, e giovane o vecchio esso è sempre santo»[39].

Come santa Teresa di Lisieux, la cui Piccola Via ispirò la filosofia del Lavoratore Cattolico, la strada di Dorothy verso la santità fu una conversione continua[40]. Fu modello di quell'amore misericordioso di cui san Giovanni Paolo II, nella propria enciclica sulla divina misericordia, disse che «traccia la più profonda componente del pellegrinaggio di ogni uomo»:

> L'autentica conoscenza del Dio della misericordia, dell'amore benigno è una costante ed inesauribile fonte di conversione, non soltanto come momentaneo atto interiore, ma anche come stabile disposizione, come stato d'animo. Coloro che in tal modo arrivano a conoscere

[39] Day, *Random Reflections*.

[40] Dorothy ha scritto persino un libro sul Fiorellino, *Thérèse: A Life of Thérèse of Lisieux*.

Dio, che in tal modo lo «vedono», non possono vivere altrimenti che convertendosi continuamente a lui... ed è questo stato che traccia la più profonda componente del pellegrinaggio di ogni uomo[41].

Che opportuna coincidenza che queste parole di Giovanni Paolo II siano state pubblicate il giorno dopo il completamento del viaggio terreno di Dorothy Day – la cui rubrica del *Catholic Worker* era intitolata proprio «Sul pellegrinaggio».

[41] Giovanni Paolo II, *Dives in misericordia*, 13, w2.vatican.va/content/john-paul-ii/it/encyclicals/documents/hf_jp-ii_enc_30111980_dives-in-misericordia.html.

7

L'AMORE CHE S'IRRADIA

Vivere la propria chiamata alla santità – con la Madonna delle Grazie

> Cogli in un simile frangente la beatitudine della coscienza, quella comprensione della propria missione da parte dello spirito, l'attimo in cui ogni lacerazione sulla strada dell'onore disseminata di spine – persino quella dovuta alla nostra colpa – si dissolve in guarigione, salute, forza e chiarezza...
> La strada dell'onore disseminata di spine appare allora come un'aureola intorno alla terra.
>
> Hans Christian Andersen, *La strada dell'onore disseminata di spine*[42]

Se poteste fare una domanda a Gesù, quale sarebbe? Si racconta un aneddoto secondo cui san Bernardo di Chiaravalle, che è classificato quale uno tra i Dottori della Chiesa, ebbe quell'opportunità quando Cristo gli apparve in una visione. Bernardo gli chiese se durante la Passione avesse ricevuto qualche ferita che non fosse riportata dagli evangelisti. In altre parole cercò di sapere se Gesù avesse ferite *nascoste*.

Non è il genere di domanda che molte persone pen-

[42] Andersen, *Fiabe e storie*, p. 461 [*ndt*].

serebbero di rivolgere al Signore. Ho il sospetto che le domande consuete rivolte a Gesù comincino con «Perché». Siffatte domande spesso (anche se non sempre) contengono un'implicita lamentela, come quella di Giobbe (Giobbe 13,24): «Perché mi nascondi la tua faccia e mi consideri come un nemico?» La domanda di Bernardo, invece, tratta il Signore non da avversario, ma da amico intimo. Forse è per questo motivo che la sua domanda, diversamente da quella di Giobbe, riceve una risposta.

Nel rispondere a Bernardo, Gesù fece assai più che rivelare una ferita precedentemente non riportata. Disse che la sua ferita nascosta era la più profonda di tutte quelle ricevute. Era la ferita sulla spalla nel portare il peso della Croce.

Per quanto sia riuscita a scoprire, l'aneddoto della visione di Bernardo ricade sotto la categoria delle "pie leggende" – quelle storie di santi che, se da un lato non sono letteralmente vere, offrono un'intuizione autentica circa la natura della loro santità particolare. Bernardo stesso portò profonde ferite nascoste, risalenti alla sua giovinezza. Nella sua vita adulta da monaco cistercense, il suo maggiore conforto passò dal riconoscimento di come la sua vulnerabilità portasse con sé l'opportunità di avvicinarsi a Cristo.

Nato nel 1090 da un nobile casato nei pressi di Digione, in Borgogna, Bernardo era un uomo di forti passioni e di grande amore. Nella storia dei santi e specialmente dei monaci, egli può essere legittimamente classificato come "uomo della gente", profondamente dedito alla famiglia, agli amici e ai confratelli religiosi.

La giovinezza di Bernardo fu diversa da quella di molti suoi ricchi coetanei per il fatto che, in un'epoca in cui la cura dei bambini era normalmente assegnata ai servitori, beneficiò di una madre molto presente per tutti i propri figli. Un'antica biografia di Bernardo fa notare come ella insistette per allattarli personalmente, piuttosto che assumere una balia, come era previsto[1]. La stessa cronaca aggiunge che ella nutrì i propri figli anche spiritualmente, insegnando loro la fede cattolica. La cura che la madre riservò al corpo e all'anima di Bernardo sembra aver preparato la sua mente per un motivo centrale della sua teologia: è l'amore di Dio che entra nella nostra carne umana, che ci rende capaci di amarci davvero a vicenda.

Quando Bernardo aveva diciassette anni, la morte di sua madre gli provocò un "testacoda emotivo". Sebbene fosse in collegio da molti anni, l'amore della madre era rimasto il suo ancoraggio, mentre le alte aspettative di lei l'avevano rafforzato contro la tentazione. Senza la madre alle spalle, l'adolescente bello e carismatico, che riusciva così velocemente ad affezionarsi alle persone, si sentì vulnerabile e a rischio. Essendo soggetto a passioni forti, il pericolo di cadere nel peccato sessuale lo assillò parecchio.

Più di una donna avvertì la sua vulnerabilità e provò ad approfittarne. Una volta, mentre era in viaggio con amici, una matrona offrì loro ospitalità. L'ospitante dette a Bernardo una stanza da letto separata dai suoi amici, facendo finta di rendere speciale onore al nobile giovane. Poi, durante la notte, entrò «nel letto del

[1] Il classico del XIII secolo, la *Leggenda aurea* di Jacopo da Varazze, traduzione dal latino di C. Lisi, 2 voll., Libreria Editrice Fiorentina, Firenze 1984.

santo». Vedendola, egli «cominciò a gridare: "I ladri, i ladri!"».

Confusa, la donna corse fuori, accese una candela e si unì agli altri occupanti della casa nella ricerca del ladro. Quando non se ne trovò traccia, tutti tornarono a letto. Trascorso un certo tempo, la donna rientrò nella stanza di Bernardo, per ottenere la stessa reazione. Provò persino una terza volta, sperando di spezzare la volontà del santo, ma senza successo. Infine rinunciò e tornò a letto.

Il mattino seguente, proseguendo il viaggio, gli amici di Bernardo lo presero in giro per essersi svegliato tre volte per «ladri» che esistevano soltanto nei suoi incubi. Egli rispose loro: «Stanotte sono stato davvero assalito dai ladri perché colei che mi ospitava cercava di strapparmi il tesoro inestimabile della castità»[2].

Non lasciatevi ingannare dalla scelta lessicale di Bernardo: egli sapeva (o in ogni caso alla fine avrebbe saputo) che nessuno poteva "rubare" la sua castità, visto che non si dà peccato senza il consenso. Ciò che cercava di trasmettere era un sentimento comune alle vittime di abusi – quello di subire un'invasione nella sfera personale da parte di un predatore che desidera ciò che non ha il diritto di avere. Le sue parole esprimono anche con ammirevole candore come si sentì ferito nel ruolo di vittima di una manipolatrice la cui ospitalità stessa era stata una falsità. La padrona di casa agiva come una molestatrice: isolandolo da coloro che l'avrebbero potuto proteggere, avvicinandolo in un orario

[2] Citazioni tratte dalla *Leggenda aurea* nella traduzione italiana di cui alla nota precedente, vol. II, pp. 524-525 (biografia completa di San Bernardo, pp. 523-536) [*ndt*].

in cui sapeva sarebbe stato più debole e sperando di approfittare del rapporto di potere sbilanciato. Sapeva che, essendo un signore beneducato, egli non avrebbe combattuto una donna. Né avrebbe osato insultarla sul suo terreno, dove sarebbe stato facile per lei ribaltare la situazione come se la vittima fosse lei.

Dopo quell'episodio e un altro simile, Bernardo scelse la vita religiosa, entrando nella recente fondazione monastica di Cîteaux nel 1112. Si sentiva in dovere di perseguire il massimo livello di santità e temeva che, ritardando la decisione, i suoi amori mondani – compresi gli attaccamenti non soltanto alle persone, ma alla letteratura – avrebbero preso il posto di Dio nella sua vita. Secondo il disegno della divina provvidenza, quegli stessi amori posti al servizio di Dio non solo avrebbero condotto Bernardo alla santità, ma – grazie ai suoi scritti – avrebbero altresì ispirato tantissimi alla santità di vita. La magistrale qualità letteraria della sua predicazione, combinata alla grande sensibilità alle sofferenze e ai desideri umani, avrebbero portato le generazioni future a soprannominarlo *Doctor Mellifluus* (il «dottore mellifluo»), nel senso che le sue parole scorrevano come il miele.

Bernardo non entrò a Cîteaux da solo. La sua popolarità era tale che circa trenta altri compagni si unirono con lui all'abbazia, compresi due dei suoi cinque fratelli, mentre altri due fratelli entrarono poco dopo; alla fine sarebbero seguiti il fratello minore e perfino il padre.

Anche se il suo rapporto con amici e familiari era plasmato dalla nuova fratellanza con loro all'interno della vita religiosa, gli affetti di Bernardo non furono mai puramente spiritualizzati. Che amasse Cristo o il prossimo, amava sempre come un essere umano, rallegrandosi delle qualità umane dei suoi cari. Un sermone che pronunciò dopo quasi venticinque anni di vita religiosa rivela la sua profonda comprensione del nostro naturale bisogno di un amore che sia incarnato nel corpo:

> E osserva che l'amore del cuore è in qualche modo carnale, perché il cuore umano si volge maggiormente alla carne di Cristo e a quelle cose che Cristo operò e ordinò nella carne. Chi è pieno di questo amore, facilmente si commuove a ogni discorso che si tiene su questo argomento. Niente ascolta più volentieri, nulla medita con maggiore soavità.
> Io penso che questa sia stata la causa per cui l'invisibile Dio volle farsi vedere nella carne e vivere uomo con gli uomini, affinché, cioè, coloro che non erano capaci di amare se non carnalmente fossero portati a dirigere tutte le loro affezioni al salutare amore della sua carne, e così a poco a poco venissero portati all'amore spirituale[3].

Le parole del santo mi ricordano come la nostra società iper-sessualizzata ci danneggi incoraggiandoci a pensare all'amore in termini superficiali – riducendo l'amore emotivo a quello fisico e l'amore fisico a quello sessuale. In realtà, è vero il contrario: l'amore emotivo *trascende* quello fisico, mentre l'amore fisico *trascende* quello sessuale.

[3] Bernardo di Chiaravalle (san), *Sermoni sul Cantico dei Cantici*, Sermone XX, in *Opere di San Bernardo* V/1. *Sermoni sul Cantico dei Cantici*, introduzione di J. Leclerq, traduzione e note di C. Stercal, Città Nuova, Roma 2006, pp. 73-74.

Dico questo non per negare il fatto che l'amore che sentiamo attinga alle nostre esperienze fisiche dell'amato, ma piuttosto per affermarlo. Il mio amore personale per amici e familiari è per sua natura incarnato, rivestito nella qualità della mia percezione della loro presenza fisica. Ricordo come, per esempio, dalla prima infanzia associai mio padre con il profumo Old Spice.

All'età di nove anni, quattro anni dopo il divorzio dei miei genitori, rimasi male quando mio padre si trasferì con la seconda moglie in una città a migliaia di chilometri di distanza. Per anni a venire, il profumo dell'Old Spice avrebbe scatenato un fiume di emozioni. Esso evocava il senso subliminale che mio padre era fisicamente presente, immediatamente seguito dalla dolorosa presa di coscienza che presente *non* era. La sensazione che in me venissero suscitate speranze subito dopo istantaneamente cancellate mi faceva piangere.

Oggi vedo spesso mio padre, dato che abitiamo nella stessa città, e mette ancora l'Old Spice, anche se non se ne cosparge più come una volta (negli anni Settanta gli uomini *esageravano* davvero con le acque di colonia). La contentezza che provo a sentire quel profumo è legata al conforto della continuità: mi ricorda che il padre che mi amava quando ero bambina è lo stesso padre che mi ama oggi. Mi fa inoltre sentire di aver ancora una possibilità di compensare per le volte che ho mancato di amarlo in passato.

Forse è quella stessa continuità che fa gonfiare il mio cuore quando inspiro il profumo dell'incenso alla Messa solenne la domenica. L'incenso è, dopo tutto, la nota base dell'Old Spice. È come se Dio sapesse che associare il profumo con la presenza del mio padre terreno mi avrebbe additato il suo amore paterno, riversato attraverso la Presenza Reale di suo Figlio. Anche lì, alla Messa, mi viene data la possibilità di compensare per le volte che ho mancato di amare il mio Padre celeste.

Nel 1115, Bernardo fondò l'abbazia cistercense di Clairvaux di cui fu il primo abate, una carica che avrebbe ricoperto fino alla sua morte trentotto anni più tardi. Sebbene conservasse sempre la capacità di stringere amicizie personali, avvertì il bisogno di limitare la propria natura sensibile per offrire la stabilità che ci si attende da un padre spirituale. Un mattino memorabile del 1138, comunque, mentre tentava di pronunciare un sermone sul Cantico dei Cantici, concesse ai suoi figli spirituali un assaggio inatteso della sua personale croce.

All'epoca di quel sermone, Bernardo, avendo appena sepolto il fratello maggiore Gerardo (che da tempo era con lui a Clairvaux), non riuscì più a trattenere le proprie emozioni. Quasi novecento anni dopo, le lacrime dell'abate sembrano ancora saltare fuori dalla pagina mentre parla della sua ferita nascosta con un'onestà che fa attorcigliare le budella – una ferita resa ancora più dolorosa dagli sforzi di restare impassibile, perché il suo volto non tradisse alcuna emozione:

> Fino a quando, infatti, dissimulo e il fuoco che nascondo dentro me stesso brucia il mio cuore nella tristezza e mi divora le viscere? ... Mi è stato tolto... e il mio cuore è venuto meno. Ma ho fatto forza al mio animo e ho dissimulato fino a ora, onde non sembrasse che il mio affetto avesse il sopravvento sopra la fede[4].

[4] *Ivi*, Sermone XXVI, p. 102.

Bernardo ammise che, mentre celebrava il rito funebre della sepoltura «con occhi asciutti», la sua calma era una facciata:

> Da allora e in seguito, ho imposto a me stesso di non indulgere a molto pianto... Ma il dolore compresso si è radicato più profondamente al di dentro, diventando tanto più atroce, lo sento, quanto meno aveva potuto sfogarsi al di fuori. Sono vinto, lo confesso. Deve per forza uscire, uscire fuori quel che soffro dentro. Trovi sfogo agli occhi dei figli, i quali, conoscendo le mie angustie, stimino più umanamente le mie lacrime e più dolcemente le consolino.
>
> Sapete, o figli, quanto profondo sia il mio dolore, quanto dolorosa la mia piaga[5].

Ricordando i sacrifici personali che Gerardo fece per adempiere ai propri doveri di gestione della vita domestica dell'abate, Bernardo racconta: «tu ti sobbarcavi gli affari esterni e io reso libero... di gustare le dolcezze del Signore, predicare più liberamente, pregare più sicuramente» e aggiunge: «Io ero chiamato abate, ma egli presiedeva con sollecitudine». Ora è travolto dalle «angustie da ogni parte» dalle quali il fratello l'aveva protetto[6].

Leggendo il lamento angosciato di Bernardo, mi viene in mente la pia leggenda della sua conversazione con Gesù, e mi chiedo se le sue origini si ritrovino proprio in questo sermone. Bernardo rivela un profondo squarcio di dolore nella sua anima – tanto più doloroso perché,

[5] *Ivi*, p. 103.
[6] *Ivi*, pp. 105-106.

con la dipartita del fratello con cui aveva condiviso la propria croce, il «peso» dell'abbazia ricade ora interamente sulle sue spalle: «e solo gemo sotto il grave peso. Tu hai sottratto le tue spalle, non resta che ritirarmi, o essere oppresso»[7].

Come nella leggenda, Bernardo vuole sapere se il Cielo abbia una qualche compassione per la sua ferita nascosta. Pensando ad alta voce, si chiede se forse Gerardo sia tanto consumato dalla gioia della sua visione beatifica da non interessarsi più di ciò che accade al fratello lasciato indietro sulla Terra. Poi all'improvviso risponde da solo alla propria domanda: «Dio è amore e quanto più uno è unito a Dio, tanto più è pieno di carità»[8]. È qui che, con una stupefacente epifania, Bernardo erompe nelle meravigliose parole che papa Benedetto XVI ha citato tante volte: «*Impassibilis est Deus, sed non incompassibilis* – Dio sarà anche impassibile, ma non privo di compassione»[9].

«Perciò», continua Bernardo, rivolgendosi direttamente al fratello compianto,

> anche tu sei necessariamente misericordioso, essendo unito con Dio misericordioso, anche se ormai non sei più fatto misero e, pur se patisci, tuttavia compatisci.

[7] *Ivi*, p. 106.
[8] *Ivi*, p. 104.
[9] *Ivi*. La traduzione contenuta nel testo inglese è quella di Benedetto XVI nella *Spe salvi*, 39: «Dio non può patire, ma può compatire», w2.vatican.va/content/benedict-xvi/it/encyclicals/documents/hf_ben-xvi_enc_20071130_spe-salvi.html. Per maggiori approfondimenti su quest'espressione e gli insegnamenti della Chiesa sul valore redentivo della sofferenza umana, si veda il capitolo 3.

> Così il tuo affetto non è diminuito, ma mutato; né per il fatto che ti sei rivestito di Dio, hai deposto il pensiero di noi: anche lui, infatti, ha cura di lui. Hai rigettato le infermità, non la pietà. E poi, la carità non viene mai meno: non ti dimenticherai mai di me[10].

Ritengo che, nel riconoscere come il fratello, il quale ha sofferto compassionevolmente con lui sulla terra, mediante l'unione con Cristo continui ora la sua compassione in Cielo, Bernardo trovi la vera collocazione della ferita nascosta di Gesù. È in *noi*. Le nostre ferite nascoste – tutti i nostri lutti, tutti i nostri traumi, tutte le nostre patologie residue che ci intoppano come rovi mentre ci sforziamo di crescere nella grazia – tutti questi, Cristo li ha fatti propri. Siamo stati crocifissi con Cristo; non siamo più noi che viviamo, ma è Cristo che vive in noi (Lettera ai Galati 2,20).

In più, sappiamo che i santi sono in compagnia di Cristo: così come essi sono con lui, egli anche è con loro. Anche i santi non possono patire, ma possono *compatire*. Ecco come ho scoperto la Comunione dei Santi: mediante la compassione di un santo per la mia anima ferita.

Nel 1999, quando ricevetti il dono della fede (vedi capitolo 3), sapevo di voler entrare in una chiesa – ma non avevo alcuna intenzione di entrare *nella* Chiesa.

La persona a cui guardavo come modello di vita cristiana era mia madre, che aveva anche lei subito una conversione drammatica quasi quindici anni prima. La sua fede l'aveva condotta nella Chiesa cattolica, ma

[10] Bernardo di Chiaravalle (san), Sermone XXVI, p. 104.

ben presto ne fu sempre più insoddisfatta e optò per continuare il proprio itinerario spirituale fuori da una comunità di fede. Ricordo che mi disse che la Chiesa aderiva a riti e tradizioni che considerava «non biblici», compresa la devozione ai santi[11].

Accettai l'opinione di mia madre circa la fede cattolica senza discussioni perché si supponeva che, per così dire, «ci fosse passata e avesse toccato con mano». Inoltre, non essendo ancora scesa a patti con il mio abuso sessuale infantile e con la dipendenza emotiva che esso generava, non ero consapevole di quanto desiderassi compiacerla.

Perciò, battezzata a Pentecoste del 2000 in una chiesa locale – un'assemblea avventista il cui pastore mi fece un piacere quando gli chiesi un «battesimo generico» senza specifiche promesse battesimali avventiste –, mi misi a cercare una confessione religiosa in cui sentirmi a casa. Sebbene amassi ancora la musica, il mio sconforto nei confronti del mondo dello spettacolo – particolarmente data la sua promozione dell'oggettificazione sessuale – mi fece desiderare di uscire dall'ambito del giornalismo rock. Alla fine, trovai lavoro come correttrice di bozze al *New York Post*, che non era esattamente il luogo sessualmente più illuminato (copiava la prassi dei tabloid britannici di pubblicare foto di donne in abiti succinti), ma era un passo per avvicinarsi al giornalismo affermato. Allo stesso tempo, cercando di mitigare l'isolamento che avvertivo come

[11] Per una trattazione esaustiva dei fondamenti biblici dei riti e delle tradizioni cattoliche, si veda il saggio di S. Hahn, *The Lamb's Supper: The Mass as Heaven on Earth* [La cena dell'Agnello. La Messa come il Cielo sulla terra], Doubleday, New York 1999.

convertita senza riferimenti ecclesiali nel cuore di New York, cercai compagnia online – leggendo e commentando blog cristiani e raccontandomi sul mio *The Dawn Patrol* [La pattuglia dell'alba, *ndt*] (dawneden.blogspot.com). Sebbene resistessi orgogliosamente ad aderire alla Chiesa, l'argomento che mi interessava di più da scrittrice era quella che i cattolici chiamavano la «cultura della vita».

Era un periodo in cui gli effetti della grazia stavano gradualmente evidenziandosi nel mio comportamento. Stavo abbandonando il mio falso io – la maschera sessualmente aggressiva che avevo creato per coprire la mia vulnerabilità – e stavo imparando ad agire con integrità. In tal senso, sebbene ancora ignorassi gli effetti dell'abuso sessuale, cominciai a smettere di agire sulla spinta delle mie ferite. In un altro senso, comunque, continuai ad agire da bambina ferita – utilizzando il blog per scagliarmi contro quanti mi ricordassero i miei molestatori.

Dietro la maschera della difesa delle dottrine cristiane sul matrimonio e sulla santità di vita, mi azzuffavo con blogger femministe radicali, insultandole e attaccandole in termini personali. Mi offendevano perché nei loro scritti vedevo gli atteggiamenti che avevano reso possibile il mio abuso.

Nel loro rifiuto della personalità del feto, vedevo il diniego della personalità di tutti i bambini. Nella loro lode di quella che chiamavano libertà sessuale, vedevo l'eliminazione dei confini sessuali – i confini che, fossero stati fatti rispettare nella mia casa d'infanzia, mi avrebbero protetto dal male. Nel loro ridicolizzare i difensori della modestia corporale, vedevo mia madre ridermi in faccia quando io, da bambina, mi lamentavo della nudità sua e del suo fidanzato in casa: «Oh, sta diventando *modesta*!» Nei loro sforzi per convincere le giovani donne che la purezza fosse "repressiva", vedevo la cultura che aveva reso possibili gli sforzi da me compiuti per "liberare" me stessa per mezzo di quegli incontri sessuali che servivano soltanto a traumatizzarmi ancora. Nella loro difesa delle "lavoratrici del sesso", le vedevo incoraggiare la dannosa falsità che la sessualità sia "soltanto una questione fisica". (Tutt'oggi non riesco a capire come la gente possa simultaneamente denunciare l'oggettificazione sessuale delle donne e insistere sul "diritto" delle donne a vendere il proprio corpo). Anche se non ero ancora capace di dare un nome alla patologia della dissociazione (descritta nel capitolo 3), sapevo che tentare di separare il corpo dall'anima era un gioco letale.

Non voglio essere troppo dura con il mio io più giovane, ma mi è chiaro ora che nel flagellare le blogger femministe stavo indirizzando male la mia rabbia. Da cristiani siamo chiamati non solo a dire la verità, ma a dirla nell'amore (Lettera agli Efesini 4,15). Il mio legittimo desiderio di prendere pubblicamente una posizione a favore della verità si mescolava a un desiderio insano di punire la gente per peccati commessi contro di me da altri.

Quest'abitudine ad agire spinta dalla rabbia – una rabbia che nasceva dalla ferita dell'abuso – si riversò un giorno sulla mia prestazione professionale con alcune conseguenze che avrebbero cambiato per sempre la mia vita.

Fare il turno serale dei correttori di bozze al *New York Post* significava essere l'ultima persona a riguardare gli articoli prima che andassero in tipografia. Tra i miei doveri c'era quello di scrivere i titoli, correggere gli errori di ortografia o di grammatica, e informare i redattori di eventuali errori o omissioni nei contenuti. Un giorno del gennaio 2005, mi fu dato un articolo di cronaca da correggere che mostrava un evidente pregiudizio contro il feto come persona umana. Avevo ricevuto cronache simili in passato ed ero rimasta turbata di doverle correggere. Questa volta qualcosa si spezzò e non potei più sostenerlo.

Per via di come il pezzo era scritto, non avevo modo di renderlo semplicemente neutrale. Sarebbe stato o fazioso come già era, nel modo in cui negava la personalità del feto riferendosi a un bimbo che si sviluppa come a una cosa piuttosto che un essere umano, o fazioso nel modo in cui affermava tale personalità. Per un breve attimo, pensai di chiedere alla caporedattrice della cronaca locale il permesso di modificare il pregiudizio in favore della vita ma, conoscendola, ero certa che me l'avrebbe negato. Dunque, di fronte a tale eventualità, per come la pensavo io, l'unica opzione che mi restava sarebbe stata quella di rifiutare l'articolo, con mio probabile conseguente licenziamento. In tre anni in quel ruolo, mi era capitato solo una volta di respingere un pezzo – al suo interno c'era la descrizione esplicita di una scena di un film porno. Il mio redattore si era arrabbiato tanto che mi aveva detto che il prossimo pezzo che avessi rifiutato mi sarebbe costato il posto.

Scrive Dorothy Day: «Il desiderio di giustizia, per noi stessi e per gli altri, spesso complica il problema. L'approccio soprannaturale, quando è compreso, sta nel porgere l'altra guancia, nel donare volentieri ciò che si possiede, nel godere di essere gli ultimi, gli ignoti, i trascurabili». L'approccio opposto consiste nel seguire «i capricci e i desideri del mio cuore»[12]. Ero così presa dalla mia concezione della "giustizia" che non ero disposta a seguire Gesù fino alla Croce. Sperando invece di averla vinta sull'articolo e di mantenere comunque il posto, decisi di modificare il pregiudizio contenuto nel pezzo in maniera surrettizia – modificando alcune parole chiave in modo tale da rovesciare il punto di vista offensivo.

Quando l'articolo uscì la mattina seguente, con le mie modifiche intatte, la reporter che l'aveva scritto pretese immediatamente il mio licenziamento. Il mio supervisore, il correttore capo, era stupefatto, poiché non avevo mai apportato modifiche non autorizzate. Mi raccomandò di scusarmi con la reporter, cosa che feci, ma ciò non bastò a calmarla. Le successive sere il mio supervisore tentò coraggiosamente di convincere i redattori a darmi un'altra possibilità, mentre, seduta alla scrivania, aspettavo che la mannaia mi piombasse sul collo.

Una di quelle sere, fissando il computer perché non mi venivano dati molti pezzi da correggere, mi sentivo una fallita. Non soltanto avevo deluso il mio datore di lavoro, ma, nel violare il dettame di san Paolo di servire il datore di lavoro come avrei servito il Signore (Lettera agli Efesini 6,5-8), avevo deluso Dio. In quel momento, più che ogni altra cosa, avrei voluto avere un amico in Cielo.

Da buona protestante, provai a dire a me stessa: «Gesù è il mio amico in Cielo». In effetti era vero! Eppure non riuscivo a togliermi dalla testa l'idea di aver

12 Day, *Una lunga solitudine*, p. 68.

bisogno di *un altro* amico o amica in Cielo. Per quanto l'amore di Gesù fosse per me presente in quel momento, lo sentivo distante e remoto. Avevo bisogno di qualcuno che avesse lavorato nei mezzi di comunicazione, che fosse vissuto nel corso di un'epoca come la mia, che mi potesse dare una mano a ritrovare la strada per tornare a Dio. In altre parole, avevo bisogno di un santo.

Fino ad allora avevo avuto paura di chiedere l'intercessione dei santi. In base a quanto mi avevano detto mia madre e altri protestanti, credevo che fosse un'idolatria. Sembrava che pregare per ottenere l'intercessione di un santo avrebbe solamente frapposto un ostacolo tra Dio e me. Inoltre, pensavo, perché i santi avrebbero dovuto prendersi cura di me? Non contemplavano perennemente il volto di Dio? Non mi era mai venuto in mente che forse, mentre guardavano Dio, i santi potessero guardare anche me, vedendomi nella misura in cui esisto nella mente di Dio, e potessero volermi bene.

Infine, sentendo di non aver nulla da perdere – non ero già ai ferri corti con Dio? –, avviai il motore di ricerca del computer e digitai le parole chiave «santo patrono giornalisti». Uno dei nomi che comparvero – un frate francescano polacco del XX secolo di nome Massimiliano Kolbe – era, secondo l'Indice dei Santi Patroni (saints.sqpn.com), il patrono non soltanto dei giornalisti, ma anche del movimento per la vita. *Stupendo*, pensai, *posso semplicemente rivolgere a lui le mie preghiere e prendere due piccioni con una fava.* Il mio pensiero fu che mi sarei rivolta soltanto a quest'unico santo, una sola volta nella vita, per soddisfare questo misterioso desiderio che mi tormentava. Poi l'avrei piantata lì e non avrei mai più rivolto la mia preghiera a un santo.

Sì, lo so. In Cielo devono essere *morti* dalle risate a quell'idea.

Prima di chiedere l'intercessione di san Massimiliano, volevo informarmi un po' sulla sua vita, per cui feci ancora un po' di ricerche e trovai una biografia dettagliata su un sito cattolico. Diceva che, a partire dagli anni Venti del secolo scorso, fu il pioniere di un apostolato mediatico internazionale, pubblicando quotidiani e riviste che diffondevano la devozione a Gesù tramite Maria[13]. Si spiegava così perché fosse il patrono dei giornalisti. Continuando a leggere, un'informazione inaspettata mi fece scoppiare in lacrime. Diceva che nel dicembre 1939, quando la Polonia era occupata dalla Germania nazista, Massimiliano «cominciò a organizzare un ricovero per tremila rifugiati polacchi, di cui duemila erano ebrei». Aveva rischiato la propria vita per salvare persone che sarebbero potute benissimo essere mie parenti.

Asciugandomi le lacrime e controllando per essere sicura che nessuno dei miei colleghi mi avesse vista piangere, continuai a leggere per scoprire perché papa Giovanni Paolo II avesse canonizzato Massimiliano come «martire della carità». Fu per via del modo in cui morì – sacrificando la sua vita per salvare la vita di un altro. Mentre era prigioniero dei nazisti nel campo di concentramento di Auschwitz verso la fine del 1941, vide una guardia delle SS condannare dieci prigionieri a morire di fame in una cella come punizione per la fuga di un membro del loro braccio. Nel momento

[13] Tutte le informazioni su Kolbe in questo capitolo sono tratte da *St Maximilian Kolbe*, www.catholic-pages.com/saints/st_maximilian.asp.

in cui uno dei prigionieri veniva trasportato via, egli gridò per la disperazione: «Oh, la mia povera moglie! Oh, i miei poveri figlioli! Non li rivedrò mai più». Sentendo il grido, Massimiliano fece immediatamente un passo avanti offrendo la propria vita al posto di quella dell'uomo condannato. Incredibilmente, la guardia esaudì il suo desiderio.

Più di quarant'anni dopo, l'uomo a cui Massimiliano salvò la vita, Franciszek Gajowniczec, fu presente alla sua canonizzazione.

Leggere del grande amore del santo mi toccò in maniera indicibile; era tardi e nessuno in redazione mi stava prestando attenzione. Memore del consiglio che mi era stato dato dai miei amici cattolici nei loro inutili tentativi di farmi pregare la Madonna, ingoiai la superbia e cominciai a parlare a Massimiliano come parlerei a un amico: «Caro san Massimiliano, sono nei guai, sto per essere licenziata, prega per me per favore...»

Penso di essere arrivata fin lì. La cosa successiva che ricordo è come mi sentissi sopraffatta da un grande fruscio. Era come se la grazia precipitasse dal Cielo – una grazia confortante, come un abbraccio o una protezione, simile al trovarsi nell'occhio di un ciclone. Improvvisamente, seppi con inspiegabile certezza che anche se fossi stata licenziata, tutto sarebbe andato bene lo stesso, perché il fatto di aver chiesto le preghiere di san Massimiliano mi aveva riallineato con la volontà di Dio.

In quel momento mi fu svelata la dottrina della Chiesa sulla Comunione dei Santi. Con sorpresa mi resi conto di quanto mi fossi sbagliata in merito alle richieste di intercessione rivolte ai santi. Com'ero certa che tali richieste mi avrebbero allontanato da Dio! Invece mi portarono *più vicina* a lui, avvicinandomi a una persona santa che gli era unita.

Venni licenziata sul serio e successivamente, alcuni mesi dopo, assunta dal concorrente principale del *New York Post*, il *Daily News*. Nel frattempo, presi la decisione di entrare in comunione piena con la Chiesa cattolica. Sapevo che i santi erano uniti a Cristo e, se essi erano dentro la Chiesa, allora dovevo esserci anch'io. Col tempo, sarei arrivata a credere nella verità espressa da santa Giovanna d'Arco durante il suo processo: «A mio avviso, Gesù Cristo e la Chiesa sono un tutt'uno e non bisogna sollevare difficoltà» (*Catechismo della Chiesa Cattolica*, art. 795).

Affascinata da san Massimiliano, cominciai a leggere il più possibile su di lui. Questo mi condusse inevitabilmente a Maria, perché Massimiliano non cessò mai di pregare la donna che chiamava amorevolmente «l'Immacolata» (o talvolta semplicemente «Mamma»). Per un certo tempo, conservai la mia riluttanza protestante a onorare la Madonna, temendo che la venerazione nei suoi confronti potesse distogliere la mia attenzione da Dio. Non potevo però negare che Massimiliano, la cui intera vita spirituale era fondata sulla devozione a lei, fosse ora in Cielo. Certamente, allora, la devozione mariana non avrebbe *impedito* che andassi in Paradiso... e magari avrebbe anche aiutato?

La mia esitazione a venerare Maria, come la mia esitazione a richiedere l'intercessione di un santo, appare buffa ora, ma c'erano ragioni psicologiche più profonde per cui resistevo ad avvicinarmi a lei: mi spaventava. Avevo paura della sua purezza.

La mia paura era in realtà quella di essere giudicata, perché la purezza di Maria mi rendeva consapevole della mia impurità. In un certo senso, avevo avvertito di essere impura sin dall'infanzia, a causa delle molestie subite e del fatto di essere in un ambiente in cui la mia innocenza non veniva rispettata. Tale sensazione, mi rendo ora conto – e spero che ve ne rendiate conto anche voi, dopo aver letto fin qui –, era completamente fallace. Mentre è tristemente caratteristico delle vittime di abusi sessuali infantili attribuirsi la colpa di ciò che si subisce, tale attribuzione di colpa è completamente fuori luogo. L'essere molestato non ti rende impuro, come ho argomentato nell'Introduzione. In un altro senso, comunque, ero davvero impura – non per quello che mi era stato fatto quando ero indifesa, ma per via delle decisioni che avevo preso per mia libera volontà da adulta. Come, mi chiedevo, poteva Maria desiderare mai di avere qualcosa a che fare con me?

Per ripetere il noto detto di G.K. Chesterton, mentre la società tenta di dipingere la castità come una sfumatura di bianco spenta e antisettica, essa è «qualcosa di infiammato come Giovanna d'Arco»[14]. Fu quello il fuoco che vidi in Maria, e temevo di bruciarmi a toccarla. Eppure, sotto la guida degli scritti di san Massimiliano, mi avvicinai alla fiamma – cominciando con l'acquisto di una Medaglia Miracolosa e con la recita della preghiera della medaglia stessa: «O Maria concepita senza peccato, prega per noi che ricorriamo a te»[15].

[14] Chesterton, *A Piece of Chalk*, citato al cap. 5, nota 8.
[15] Si vedano i Supplementi bibliografici, p. 250, per suggerimenti riguardanti gli scritti di san Massimiliano.

La Medaglia Miracolosa raffigura la Madonna delle Grazie come si mostrò in una delle sue apparizioni nel 1830 a santa Caterina Labouré, una giovane monaca francese. In quell'apparizione, la Madonna era in piedi con le braccia distese, rivelando molti anelli su ciascuna mano. Gli anelli erano adorni di gemme dalle quali si diffondevano raggi brillanti. La Madonna disse: «Questi anelli simboleggiano le grazie che impartisco a quanti me le chiedono. Le gemme da cui non cadono raggi sono le grazie che le anime si sono dimenticate di chiedere».

Quando lessi quelle parole per la prima volta, mi angosciarono. Quante volte, nel mio timore di avvicinarmi a Maria, avevo mancato di chiedere delle grazie? La medaglia mi ricorda di chiederle quando ne ho bisogno – cioè sempre.

Attraverso gli scritti di Massimiliano, appresi che la Chiesa chiama Maria la Mediatrice della Grazia perché crede che lo Spirito Santo, disceso su di lei dopo che pronunciò il suo «sì» al momento dell'Annunciazione (Luca 1,38), non l'abbandonò mai. Maria rimane per sempre unita allo Spirito Santo e, come nostra Madre celeste, desidera impartire quello stesso Spirito a noi[16].

Maria è comunque infiammata; il *Catechismo della Chiesa Cattolica* ci dice che ella è il roveto ardente (Esodo 3,2), che irradia il fuoco senza essere consumato. Il suo, però, è un fuoco purificante – che ci purifica affinché ella ci possa avvicinare sempre di più a sé, sotto l'amorevole protezione del suo manto. Lo fa sempre spinta dall'amore, non dal desiderio di giudicarci o di umiliarci. Si può vedere quest'amore nelle mani della Madonna delle Grazie. Non le alza come un vigile ur-

16 Cfr. *Catechismo della Chiesa Cattolica*, artt. 721-725.

bano, per spingerci via. I suoi palmi sono sempre aperti, invitandoci a venirle vicino. Attirandoci con amore materno nel suo amore, ella ci rende capaci di crescere in quello stesso amore dello Spirito Santo: l'amore che ci avvicinerà a Dio e a vicenda.

La grande menzogna della società sta nel dirci che la promozione della purezza di Maria sia fondata sul giustizialismo. Un giudizio in effetti c'è, ma sono i nostri stessi peccati a giudicarci. Non è mai la purezza di Maria. La sua purezza è ciò che ci *salva* dal giudizio del peccato, quando noi in spirito d'amore e pentimento entriamo nel suo abbraccio purificante.

Quando nacque la beata Margherita da Città di Castello (1287-1320), i suoi genitori pensarono che fosse tutt'altro che pura. La ricca coppia, che abitava in un castello sui colli fuori Firenze, restò inorridita allo scoprire che la loro prima creatura – che tanto avevano sperato fosse un maschio – non soltanto era una femminuccia ma anche deforme. Margherita era cieca, nana e gobba. La testa era abnorme rispetto al corpo, e una delle gambe era molto più corta dell'altra, cosa che le avrebbe causato grandi difficoltà nel camminare. Per via delle sue deformità, i genitori decisero di nasconderla piuttosto che rivelare ad alcuno di aver dato alla luce una figlia così poco attraente.

Sin dalla tenera età, Margherita mostrò intelligenza, gentilezza e grande devozione a Dio. Il cappellano del castello le insegnò le preghiere e a cinque anni faceva ormai quotidianamente visita alla cappella. Era una bimba molto gioiosa e non si rendeva conto di essere diversa dalle altre coetanee. La sua esuberanza, comunque, servì solo a esasperare i genitori, giacché rese più difficile per loro impedire ai visitatori del castello di scoprire la sua esistenza. Pertanto, si assunsero personalmente il compito di informarla che non era come gli altri bambini, ma era in realtà un brutto scherzo della natura e che era meglio rimanesse nascosta.

Quando Margherita compì sei anni, incontrò un visitatore nella cappella e innocentemente accennò che era la figlia del signore e della signora del castello. Appreso l'episodio, i suoi genitori, terrorizzati che altri scoprissero il loro segreto, decisero di mandarla a vivere in una minuscola cella edificata all'esterno della chiesa parrocchiale. Finsero che il provvedimento fosse preso per il bene della figlia stessa. Dopo tutto, le piaceva tanto stare in chiesa e, dal momento che era non vedente, c'erano meno probabilità di farsi male lì che cercando di orientarsi nel grande castello.

Non è chiaro come i bisogni fisici della piccola fossero soddisfatti nella sua cella – ma sembra che l'unica persona che le facesse regolarmente visita fosse il parroco. Questi era rattristato di fronte all'insistenza dei genitori che ella vivesse lontano da occhi indiscreti, ma, considerato il loro potere – il padre era comandante della locale guarnigione militare –, non c'era nulla che potesse fare. Margherita, conservando la propria allegria, gli disse che era grata di poter condividere le sofferenze di Cristo. Quest'atteggiamento di gioioso abbandono alla divina provvidenza l'avrebbe caratterizzata per tutta la vita.

Margherita rimase nella sua cella isolata vicina alla chiesa fino a diciott'anni. I suoi genitori si spostarono poi in un'altra città e la portarono con sé – ma, di nuovo, la nascosero, stavolta nella cella sotterranea del castello. Un anno più tardi, sentendo parlare delle cure miracolose che venivano dalla tomba di un prete, i suoi genitori osarono finalmente portarla fuori. La portarono alla tomba a Città di Castello e le dissero di inginocchiarsi in mezzo alle folle di pellegrini e pregare per ricevere una cura. Intanto, essi si sedettero a una certa distanza – senz'altro sperando che nessuno avesse notato che erano arrivati a piedi con la ragazza cieca e gobba – e guardavano per vedere che cosa sarebbe accaduto. Quando, dopo una giornata intera, Margherita era ancora inginocchiata con tutte le deformità ancora visibili, i suoi genitori tornarono a casa senza dirglielo. La abbandonarono semplicemente, lasciandola sulla tomba in compagnia dei malati e dei morti.

Il mattino seguente, poiché Margherita non era in grado di rintracciare i suoi genitori, alcuni mendicanti ne ebbero compassione e la aiutarono a trovare la locanda dove avevano alloggiato. Là, apprese dal locandiere che i suoi genitori erano tornati a casa senza di lei; era veramente sola. Si dice che, nonostante la tristezza per essere stata abbandonata, non criticò mai i genitori, ma continuò ad amarli e a pregare per loro.

Per un certo periodo Margherita mendicò per le strade di Città di Castello, ma la sua santità era talmente evidente che le famiglie povere in città cominciarono a invitarla a stare da loro. Dopo circa un anno, la sua reputazione di santità raggiunse un monastero di clausura, così che fu invitata a entrare nella comunità. Margherita fu estremamente felice di farlo, spinta dal desiderio di vivere in una comunità religiosa la cui Regola prevedeva il silenzio e il sacrificio personale. Una volta là, comunque, scoprì che la Regola stessa non veniva osservata – le monache chiacchieravano liberamente e accettavano costosi doni dagli esterni. Quando Margherita si lamentò con la sua superiora, le fu detto di fare come le altre consorelle e di lasciar perdere la Regola. Ella si rifiutò e poco dopo l'ordine la lasciò per strada.

Devo fermarmi un istante per lo stupore. Che insensibili devono essere state queste monache per espellere una giovane donna cieca e disabile perché il suo desiderio di osservare la loro stessa Regola era per loro motivo di imbarazzo. Quanti sono stati molestati da persone che dicevano di essere cristiane hanno chiaramente un'amica nella beata Margherita.

Per parecchi mesi, quando Margherita tornò a mendicare per le strade, la gente della città la bandì, credendo che dovesse aver commesso qualche terribile nefandezza per essere stata espulsa dal convento. Comunque, la sua visibile santità ebbe nuovamente la meglio. Una famiglia l'accolse sotto il proprio tetto, e fu invitata a unirsi alle mantellate, un ordine laico di domenicane le cui componenti vivevano nelle case di famiglia o presso benefattori. Come figlia di san Domenico, Margherita trascorse il resto della sua vita pregando e compiendo opere di carità, tra cui curare gli ammalati e far visita ai carcerati. La sua vita spirituale continuò ad approfondirsi, e rivelò al proprio confessore che alla Messa, nonostante la sua cecità, poteva vedere Cristo sull'altare.

Margherita aveva 33 anni, l'età di Cristo crocefisso, quando morì nel 1320. Dopo il suo funerale nella chiesa principale della città, i cittadini impedirono fisicamente ai frati domenicani di trasportarla al cimitero delle mantellate. Sostenendo che fosse ovviamente una santa, insistettero che venisse sepolta lì in chiesa. La disputa tra i cittadini e i frati si svolse mentre il corpo di Margherita era disteso sopra un pallio; in quel mentre, una ragazza storpia fu portata dai suoi genitori fino alla salma e venne immediatamente guarita. Fu una dimostrazione sufficiente a convincere i dubbiosi presenti. I domenicani impartirono al corpo una leggera forma di imbalsamatura – sufficiente a conservarlo per una settimana – e la defunta fu inumata nella chiesa dell'ordine, che divenne rapidamente polo di attrazione di pellegrinaggi.

Oltre 200 anni dopo, il 9 giugno 1558, nel momento in cui Roma iniziava a prendere in considerazione la sua causa di canonizzazione, il corpo di Margherita venne riesumato. Quando la bara fu aperta, il suo corpo venne trovato incorrotto: il viso gentile, accogliente; la gobba; le gambe una più lunga e una più corta e i piedi deformi – rimasero tutti com'erano il giorno della sua morte. La pelle, i capelli, i denti e le unghie erano tutti intatti – e, se avrete occasione di visitare il suo santuario nella Chiesa di San Domenico di Città di Castello, troverete che lo sono tuttora.

Dio ha conservato il corpo di Margherita come a mostrare al mondo che la ragazzina che fu rifiutata dai propri genitori è accolta e amata dal suo Padre celeste. Le sue spalle incassate, ancora intatte, ci ricordano come lei che, sulla terra, portò la sua parte della Croce vive ora in Cielo, dove desidera che domandiamo il suo aiuto per sopportare le nostre croci. I santi soffrono davvero con noi, e per loro è pura gioia.

8

L'AMORE CHE GUARISCE

Trovare il nostro passato, presente e futuro nell'Eucaristia – con san Tommaso d'Aquino e la beata Karolina Kózka

E il fulgore è troppo forte. Non abbiamo ancora gli occhi per guardare tutta la meraviglia creata da Dio, ma li avremo, e sarà la fiaba più bella del mondo, perché ci siamo dentro anche noi.

Hans Christian Andersen, *Il rospo*[17]

Padre Michail Ford, op riconduce il momento in cui cominciò per la prima volta a intravedere una chiamata al sacerdozio a un episodio che gli capitò da giovane quando suo fratello Steve gli pose una domanda riguardo al problema della sofferenza[18].

Steve, funzionario di polizia, raccontò a Michail di aver arrestato quel mattino un uomo che da tempo molestava il figliastro di sei anni. Il caso colpì Steve particolarmente perché anche lui era padre, e di tre figli maschi. «Come», chiese a Michail, «potrei guardare negli occhi quel ragazzino e dirgli che Dio lo ama veramente e non vuole nient'altro che il meglio per lui, dopo che

[17] Andersen, *fiabe e storie*, p. 836.
[18] M. Ford, «To Serve and Protect» [Servire e proteggere], *Vision*, www.digitalvocationguide.org/vision/2009/?pg=41.

Dio ha permesso che questa storia andasse avanti per tanto tempo?»

A quell'epoca Michail era particolarmente devoto e rimase personalmente sorpreso della risposta che diede al fratello: «Perché Dio ti ha mandato là per far sì che non succeda mai più».

Tommaso d'Aquino (1225-1274), l'Aquinate, il grande maestro di teologia dell'ordine religioso in cui Michail alla fine entrò, ne sapeva qualcosa del dolore infantile e della divina provvidenza.

Noto in famiglia con il nome di Tommaso d'Aquino, il futuro Dottore della Chiesa aveva 5 anni nel 1231 quando la sua bambinaia, seguendo gli ordini dei genitori, lo portò via dal castello della sua famiglia in Italia meridionale. Lo lasciò al vicino monastero benedettino di Montecassino, per essere formato e istruito da sconosciuti.

Per un figlio di una famiglia ricca e potente, non vi era nulla di anormale in questa sistemazione; anzi, come i genitori ben sapevano, era considerato lodevole donare un figlio a Dio, sia pure così giovane. Nel lasciarlo alla prestigiosa abbazia (accompagnando il gesto con una cospicua donazione ai monaci) il padre di Tommaso, Landolfo – un barone dell'imperatore Federico II –, e sua madre, Teodora, nutrivano vive speranze che il figlio avrebbe dato loro una grande soddisfazione assurgendo al rango di abate.

Tuttavia, sapendo che Tommaso stava già cominciando a mostrare segni della sapienza e della spiritualità che avrebbero fatto di lui uno dei maggiori santi della Chiesa, vi è qualcosa di struggente nella scena: un bimbetto di cinque anni, che per tutta la vita era stato circondato da fratelli e sorelle, guarda il pesante portone dell'abbazia chiudersi alle spalle della bambinaia mentre lei lo lascia con la sua nuova "famiglia". Come Bernardo di Chiaravalle, Tommaso è celebrato non soltanto per la sua pietà, ma anche per la sua delicatezza. Non deve essere stato facile per un bambino tanto sensibile staccarsi improvvisamente dall'unico mondo che avesse mai conosciuto.

Quali che potessero essere le sue sensazioni quel "primo giorno di scuola", non c'è dubbio che Tommaso al monastero fiorì, adattandosi ammirevolmente alla vita religiosa ed eccellendo nei suoi studi. Quando aveva circa 14 anni, fu mandato a proseguire la propria formazione accademica presso l'università di Napoli. Fu là, tre anni più tardi, che prese la decisione più importante della sua vita, una decisione destinata ad avere conseguenze drammatiche. Dio lo stava chiamando non a presiedere un monastero sfarzosamente arredato, ma ad associarsi a un nuovo gruppo di religiosi consacrati i cui membri si mantenevano mendicando scalzi per le strade; l'Ordine dei Predicatori di san Domenico, altrimenti noti come domenicani.

La famiglia di Tommaso fu a dir poco scontenta della nuova vocazione del suo rampollo. Nessun figlio dei d'Aquino sarebbe stato un predicatore mendicante – almeno non fino a quando sua madre avesse voce in capitolo. Inizialmente i domenicani tentarono di nascondere Tommaso spedendolo in giro per i priorati italiani mentre Teodora esercitava pressioni personali e politiche per convincerlo a tornare a Montecassino. Poiché la famiglia non mostrava di volersi arrendere, il Maestro Generale dei domenicani prese la decisione di mandare Tommaso a Parigi, dove le aderenze politiche dei d'Aquino non avrebbero avuto tanto peso.

Un mattino di maggio del 1244, Tommaso e tre frati partirono per Parigi a piedi, poiché il voto domenicano di povertà impediva loro di godere di lussi quali i cavalli. Alcuni giorni dopo, mentre riposavano presso una sorgente, la loro quiete venne turbata dal rumore di cavalieri armati. Si trattava di una truppa di soldati dell'esercito di Federico II, inviati su disposizione di donna Teodora per trovare suo figlio e portarlo a casa.

Due ceffi afferrarono Tommaso e tentarono di strappargli l'abito domenicano dalla schiena. Comunque, Tommaso si difese tanto vigorosamente che gli uomini temettero di fargli del male, per cui gli lasciarono tenere il suo abito ormai lacero mentre lo legavano e lo costringevano a montare su un cavallo. Lui li supplicò di permettergli di portare con sé una Bibbia e un breviario. Uno dei soldati che lo avevano afferrato assentì a malincuore, così uno dei frati passò a Tommaso i preziosi libri. Non ci fu bisogno che dicessero a Tommaso il nome del soldato. Si trattava di Rinaldo d'Aquino, suo fratello.

I soldati lasciarono Tommaso nelle vicinanze in un castello di proprietà della famiglia d'Aquino, dove l'attendeva Teodora. Ella rimase male nel vedere che non aveva abbandonato l'abito, ormai ridotto a brandelli. Per circa un anno, su ordine della madre, Tommaso sarebbe stato tenuto prigioniero mentre tutta la famiglia tentava di fargli abbandonare la vocazione.

Tommaso era al castello da circa sette mesi e aveva intorno ai 19 anni quando Rinaldo e un altro fratello tornarono dal servizio militare. Furibondi che il fratello stesse ancora indossando il suo abito lacero e non mostrasse alcun segno di rinnegare i voti domenicani, gli uomini decisero di prendere in mano la situazione.

Se non voleva abbandonare i domenicani, forse poteva essere spinto a far qualcosa che avrebbe indotto i domenicani ad abbandonare lui.

E fu così che in un freddo giorno d'inverno i fratelli si intrufolarono nella cella di fortuna di Tommaso per depositarvi una bellissima giovane visitatrice che non aveva mai messo piede in casa d'Aquino, e che probabilmente non sarebbe stata mai autorizzata a entrarvi, se l'avesse saputo Teodora. Tommaso, seduto vicino a un caminetto, alzò gli occhi dalla sua Bibbia e si trovò faccia a faccia con una prostituta.

Subito dopo si udirono le urla della donna. I fratelli rimasero di stucco al vederla correr via mentre Tommaso agitava una torcia fiammeggiante. Non appena la donna uscì – scossa ma illesa – egli sbatté la porta alle sue spalle. Tenendo ancora in mano la torcia, tracciò con il fuoco una croce sul muro prima che la stanchezza e la paura avessero la meglio su di lui. Cadde a terra e scoppiò in lacrime.

Mentre il frate quasi ventenne era inginocchiato in preghiera, piombò in un sonno profondo. Sognò che arrivavano gli angeli e lo stringevano con un cordone bianco di castità. Glielo legarono attorno così forte che gridò dal male. Quando si svegliò, scoprì che il sogno si era avverato: il cordone c'era veramente.

Solitamente i biografi concludono quest'episodio informandoci che Tommaso mantenne segreta la vicenda fin sul letto di morte, quando la svelò al suo confessore e aggiunse che non fu mai più tentato di peccare contro la castità. Sottolineando il fatto che non venne mai più tentato, i biografi sottintendono che il santo reagì all'intrusione tanto intensamente perché la prostituta era una vera tentazione. Un domenicano trecentesco di nome Bernardo Gui, uno dei primi cronisti della sua vita, scrisse che sentì la tentazione ma fortunatamente la controllò rapidamente[1].

Comunque, non penso che sia stato così semplice – e forse non lo pensava nemmeno Gui, perché nella frase dopo scrive: «La castità e l'indignazione saltarono fuori insieme». Il fatto che Gui riconosca la giusta ira del santo evidenzia come la macchinazione dei fratelli di Tommaso non costituisse semplicemente una tentazione. Fu una *violazione*.

Prima di quell'episodio, benché fosse prigioniero, Tommaso – solo nella sua cella, seduto al caminetto con indosso il suo abito sbrindellato, con la Bibbia e il breviario – aveva ancora il proprio spazio personale. Privato della convivenza con i propri confratelli, poteva almeno continuare la sua conversazione personale con Dio. Quando i fratelli invasero il suo santuario privato e gli gettarono davanti la prostituta, quella pace, riservatezza e libera intimità vennero infrante.

Oggi viviamo in una cultura satura di sesso, in cui i pubblicitari sono ansiosi di farci credere che abbiamo bisogno di acquistare prodotti per aumentare il nostro appeal, e fanno tutto il possibile per riempirci ovunque gli occhi di "corpi perfetti". Di conseguenza, occorre fare uno sforzo per immaginare un'epoca in cui le persone potevano liberamente scegliere di non vedere cose che attentassero alla loro purezza. Eppure dobbiamo fare quello sforzo se vogliamo capire come i fratelli di Tommaso non gli stessero semplicemente facendo

[1] K. Foster, [op, *ndt*], *The Life of Saint Thomas Aquinas: Biographical Documents* [Vita di san Tommaso d'Aquino, Documenti biografici], Longmans, Greens & co., London 1959, p. 30.

vedere una bella signora. Alle prostitute medievali era richiesto per legge di vestirsi in modo distintivo per permettere ai passanti di identificare facilmente quali donne fossero in vendita e quali no. Perciò la donna che i fratelli di Tommaso gettarono di fronte a lui deve aver indossato una fascia distintiva o un tassello sulla manica del vestito. Deve aver portato un trucco diverso da tutte le donne non sposate che i giovani avessero mai visto.

Per un tipo delicato come Tommaso, vedere da vicino una donna che aveva scelto o era stata costretta a umiliarsi – e vedere i suoi fratelli che la aizzavano – sarebbe equivalso ad assistere forzatamente a uno spettacolo di sadomasochismo. Ecco la corona del creato, un bellissimo essere umano a immagine di Dio, ridotta a una maschera dipinta – non più una persona, ma una caricatura, un oggetto, un pezzo di carne mascherato. L'immagine era tragica. Era grottesca. E ora era impressa nella mente di Tommaso, messa lì dalla volontà perversa degli stessi uomini che, dalla sua infanzia, avrebbero dovuto proteggerlo.

Nel momento in cui immagino il santo sperimentare quest'attentato alla sua purezza, le sue azioni successive – il cadere in ginocchio, «sfinito e spaventato, e quasi disperato», e poi l'addormentarsi mentre pregava – appaiono d'un tratto familiari. Sono familiari a chiunque soffra di disturbo da stress post-traumatico: tutte le sensazioni fisiche ed emotive che i biografi di Tommaso riportano descrivono tipicamente un flashback.

D'accordo, "fare una diagnosi" a un santo in base alle concezioni e intuizioni moderne della psicologia e della scienza può facilmente portarci fuori strada. La santità viene dall'accettazione della grazia di Dio, e ha perciò necessariamente un carattere soprannaturale – al di là di qualsiasi cosa possa mai essere spiegata da cause naturali. Comunque, come ho scritto trattando di santa Giuseppina Bakhita nel capitolo 1, esiste una lunga tradizione, secondo la quale si definiscono i santi patroni di determinate condizioni fisiche o mentali non perché fossero affetti da quelle condizioni, ma perché subirono esperienze *paragonabili* a quelle. L'esperienza fisica di Tommaso lo pone in compagnia di coloro che hanno sofferto di flashback dovuti al Ptsd, anche se personalmente non soffrì veramente di stress post-traumatico.

Detto questo, all'epoca dell'episodio della prostituta, se Tommaso era veramente vulnerabile a quelli che i malati di Ptsd conoscono come "richiami mnemonici", non mancava certo di potenziali inneschi nel suo passato. La sua famiglia lo aveva già esposto a negletto o abuso molte volte, facendolo abbandonare a Montecassino (tecnicamente non "negletto", ma avrebbe avuto il medesimo impatto su un bambino di cinque anni), rapendolo, imprigionandolo e rifiutando la sua vocazione domenicana. Quel rifiuto sarebbe stato per Tommaso il più doloroso di tutti i traumi, per il fatto che dal suo punto di vista – avendo sentito una chiamata da Dio a diventare frate – esso equivaleva a un rifiuto della sua stessa identità.

Quello che trovo particolarmente commovente è che, indipendentemente dall'eventualità che abbia o meno sperimentato un flashback, le azioni di Tommaso sulla scia dell'assalto forniscono un modello per chiunque soffra di questo trauma. Per prima cosa, si permise di rilassarsi. Perché è importante? Per i non addetti ai lavori, un flashback non avviene soltanto nella mente, ma è un'esperienza che coinvolge tutto il corpo. Una volta che la mente ha rivisitato il trauma emotivo e la scarica di adrenalina comincia a svanire, il sofferente può sentirsi svuotato e abbandonato – come se la sua vita fosse stata risucchiata.

Potrebbe sembrare ovvio che la miglior cosa da fare nel momento in cui ci si sente svuotati sia di concedersi una pausa. Comunque, la tentazione per alcuni è quella di provare ad andare avanti come se niente fosse accaduto, introiettando il dolore. Parlo per esperienza personale. Ammettere che sono sopraffatta dall'esaurimento mentale e fisico significa ammettere che ho perso il controllo. Quando comprendo la totale sproporzione tra l'evento che ha innescato il mio flashback e il modo in cui vi ho reagito, mi sento umiliata. Comunque è in quel momento, quando voglio maggiormente fingere che tutto sia normale, che è essenziale trovare uno spazio personale per riposare – e, se necessario, piangerci sopra – per impedire di essere inghiottita dalla tensione repressa.

Secondo, e più importante aspetto, Tommaso pregò. Come avviene col prendersi tempo per rilassarsi, aprire il proprio cuore a Dio rappresenta un atto terapeutico in sé e per sé, poiché contrasta la tentazione di tenersi dentro il dolore. Ma naturalmente la preghiera non costituisce un atto puramente naturale, come svuotare la mente o rilassare i muscoli. È un atto *soprannaturale*, sostenuto dalla grazia, e suscita un aiuto soprannaturale.

Nel capitolo 3 ho scritto della gioia sperimentata pregando nel bel mezzo di un flashback: «Caro Gesù, so di poter scegliere di patire questo con te o senza di te. Scelgo di patirlo *con* te. Non abbandonarmi». Questo genere di preghiera è efficace perché impegna proprio quell'unica parte di te che non può mai essere completamente sopraffatta da un flashback: la tua volontà.

Il flashback è umiliante perché fa sì che la mente e il corpo, che normalmente reagiscono in maniera prevedibile, reagiscano in modo imprevedibile. Inoltre, dicendo a te stesso: «Non vi è alcuna spiegazione razionale per irritarmi tanto per questo», arrivi soltanto fino a quel punto. Anche se riesci a recuperare il controllo del tuo intelletto, il corpo può continuare a ribellarsi – con le lacrime che scorrono e il cuore che corre – finché gli ormoni di attacco o fuga finiscono di penetrare nel tuo organismo.

Tuttavia, persino nel bel mezzo di questa dolorosa perdita di controllo, mantieni la facoltà di volere, perché sei sempre in grado di influire con la volontà su come accetti quello che sta accadendo. La tua volontà determina se accetti o meno l'inevitabile dolore con dubbio o fede; con disperazione o speranza; con odio o amore. Se compirai una scelta corretta, scoprirai che proprio la cosa che causa la tua umiliazione a un determinato livello può, a un livello più profondo, portare guarigione in Cristo.

Questo pensiero riguardo al modo in cui ciò che umilia ci possa guarire non è veramente mio. È di san Tommaso d'Aquino, che ne parla nella *Summa Theologiae* quando spiega perché i sacramenti siano necessari alla nostra salvezza.

Un sacramento è un segno di una cosa santa, nella misura in cui esso santifica le persone. Essendo un segno, non è puramente spirituale; coinvolge sempre qualcosa che possiamo vedere, sentire, avvertire, gustare o toccare. Nello spiegare la necessità dei sacramenti, uno dei motivi che Tommaso offre è il fatto che la gente che pecca lo fa assoggettandosi all'autorità di cose che non sono Dio – oggetti fisici, come la ricchezza, il cibo, o la passione sessuale illecita. «Ora», dice Tommaso, «il rimedio risanatore dovrebbe essere somministrato a una persona in modo tale da raggiungere la parte toccata dalla malattia». Così, se la patologia del peccato è di carattere fisico, è appropriato che Dio debba fornirci «una medicina spirituale» per mezzo di cose fisiche. Al contrario, se egli provasse a curarci con mezzi puramente spirituali, senza alcun segno visibile, non saremmo in grado di capacitarcene con il nostro intelletto perché siamo tanto attratti dal mondo dei sensi[2].

Mi ricorda la storia che ai predicatori piace raccontare, riguardo alla mamma che prova a convincere la sua bambina a non aver paura di dormire a luci spente, dicendole che è al sicuro perché Dio è con lei. La bambina dice: «Lo so, ma ho bisogno di Dio con la pelle sopra». Analogamente, noi umani abbiamo bisogno di percepire qualcosa con i nostri sensi che ci rassicuri circa la presenza risanatrice di Dio, da cui deriva la necessità dei "segni visibili" che sono i sacramenti.

Il risvolto più ampio del ragionamento di Tommaso è che tali segni sono terapeutici in parte proprio perché sono *umilianti*. Ci rendono umili costringendoci a riconoscere che ci siamo permessi di cadere sotto l'influsso di elementi fisici. Una volta che possediamo tale umiltà, Dio la può usare per venirci incontro dove siamo – accostandoci a sacramenti che possiamo avvertire fisicamente, e trasmettendo in essi e per loro tramite il potere risanante della sua presenza.

[2] Tommaso d'Aquino (san), *Summa Theologiae*, III, q. 61, a. 1.

Tenendo presente questo, guardate l'umiltà della preghiera di Tommaso successiva all'assalto alla sua purezza, quando si inginocchiò piangente. Avrebbe potuto chiedere a Dio di farsi carico delle circostanze, in modo che nessuno provasse mai più a tentarlo. Ma non lo fece. Invece chiese a Dio di farsi carico di *lui*. Mentre il resoconto di uno dei primi biografi dice che richiese il dono della castità, la versione della preghiera data da un domenicano dell'Ottocento è più espressiva e non meno veritiera: «supplicò sinceramente Dio di accettare l'offerta completa del suo corpo nonché della sua anima»[3].

La profondità del significato di questa preghiera può forse essere intuita tramite un passo che Tommaso scrisse quasi trent'anni dopo, verso la fine della sua vita. Definendo la castità nella propria *Summa Theologiae*, disse che il termine poteva avere due applicazioni. La prima era la concezione più comune della castità legata al dominio delle proprie passioni sessuali, piuttosto che permettere di esserne dominati. Sarebbe stato naturale per Tommaso pregare per ricevere quel dono nel momento in cui cadde in ginocchio dopo aver cacciato la prostituta. Ritengo però che abbia pregato per ricevere il secondo tipo di castità che avrebbe descritto nella *Summa*: una «castità spirituale»[4]. La castità spirituale rappresenta la virtù che ti consente di raggiungere un'unione più profonda con Dio dandoti la capacità di ritrarti davanti alle cose che ti allontanano da lui. Essa è radicata nella carità – l'amore di Dio che ci rende capaci di amare il nostro prossimo come noi stessi.

[3] Padri Domenicani, «The Cord of St Thomas» [Il cordone di S. Tommaso], *The Rosary*, (giugno 1896), p. 642.
[4] Tommaso d'Aquino (san), *Summa Theologiae*, II-II, q. 151, a. 2.

Nell'istante in cui il giovane frate si inginocchiò congiungendo le mani macchiate di cenere, respirando ancora il sentore misto del profumo della prostituta e del fumo della propria torcia, non ebbe soltanto paura della lussuria. Ebbe paura di quello che gli sarebbe successo se l'immagine che aveva visto con i suoi occhi fosse rimasta marchiata a fuoco nella sua memoria. Se avesse scelto di trattenere la rabbia, il risentimento o qualsiasi cosa non fosse di Dio, la sua castità tanto duramente conquistata sarebbe andata perduta.

Sappiamo che la preghiera di Tommaso venne esaudita. La dimostrazione risplende non solo nella sua leggendaria purezza, ma anche nel grande amore che mostrava a tutti coloro che entrassero nella sua orbita, compresa la sua famiglia. Dopo che lo rilasciarono dalla prigionia, invece di evitarli, rimase vicino a loro per il resto della sua vita – visitandoli durante i suoi viaggi e aiutandoli nel momento del bisogno. In questo modo, non solo mise in pratica il comandamento di perdonare interiormente, ma raggiunse anche quello che avrebbe chiamato il più "perfetto" livello di riconciliazione: «dove la vittima dell'offesa va a cercare l'autore dell'offesa stessa»[5]. Come Maria Goretti e Laura Vicuña, Tommaso d'Aquino è un santo patrono del perdono.

Quando annunciai i miei piani di scrivere questo libro, Terry Nelson, l'artista e blogger cattolico che fu vittima di molestie sessuali da bambino (vedi capitolo

[5] Tommaso d'Aquino (san), *Le istruzioni catechetiche*, traduzione in inglese del *Cathechismus*, *The Cathechetical Instructions of St. Thomas Aquinas*, trad. rev. J.B. Collins, www.documentacatholicaomnia.eu/04z/z_1225-1274__Thomas_Aquinas__Catechismus__EN.pdf.html.

3), scrisse sul suo sito che da tanto cercava una santa che fosse stata stuprata, ma senza successo. Era venuto a conoscenza di numerose martiri che erano state uccise durante lo stupro o dopo avervi opposto resistenza, ma nessuna che fosse stata effettivamente violata. Scrive Nelson:

> Durante la mia ricerca di queste sante, ho riflettuto sul bisogno molto umano che abbiamo di comprendere le cose brutte che ci sono capitate nella vita, come pure il desiderio di far capire a qualcuno la nostra sofferenza... [Trovare] un santo che abbia passato esattamente le medesime cose che possiamo aver patito mi sembra rappresentare un segno di speranza per noi che il bene possa davvero venire dal male. Che attraverso il sangue di Cristo viene restituita la verginità, che la santità trionfa sulla malvagità, e così via. Da cui deriva il nostro desiderio di trovare santi che siano proprio come noi[6].

Le riflessioni di Terry mi indussero a tentare laddove lui non era riuscito, nella speranza che ciò confortasse lui e altri. Da sola, prima di cercare esperti esterni, nemmeno io fui in grado di trovare una santa che fosse stata violentata, ma ne trovai una che sperimentò una forma particolarmente umiliante di abuso sessuale. La diciottenne Giovanna d'Arco, all'epoca del suo processo da parte degli inglesi, fu più volte sottomessa a prove da parte di alcune dame per dimostrare di essere la vergine che diceva di essere. Vedo la sua sofferenza come un elemento che la pone in comunione non solo

[6] T. Nelson, *Saints Like Us*, 11 giugno 2011, abbey-roads.blogspot.com/2011/06/saints-like-us.html.

con le vittime di abusi sessuali, ma anche con coloro che sono vittime di scherno per gli sforzi di mantenere la propria purezza.

Esaurite le mie risorse personali, contattai poi un giudice istruttore della Congregazione delle Cause dei Santi del Vaticano per chiedere se esistesse una santa che fosse stata violentata. Il funzionario rispose che ce n'erano senz'altro, dati i resoconti che abbiamo da sant'Agostino e da altri di vergini martiri dell'antichità, che furono violentate prima di essere uccise.

Ricordando il desiderio sentito da Terry di conoscere una santa che avesse passato ciò che patì lui personalmente, e rendendomi conto che ci dovevano essere molti come lui, insistetti con il funzionario. Poteva darmi *un nome* di una santa che fosse stata violata?

Il funzionario trascorse alcuni giorni a rileggere i fascicoli di alcune martiri della castità per cui egli stesso era stato giudice istruttore. Mi telefonò in seguito dal suo ufficio in Vaticano con la risposta. Non fu quella che mi aspettavo.

Disse che non era stato in grado di trovare una santa che si potesse dire con certezza fosse stata violentata. Comunque, aggiunse, c'era una martire della castità del XX secolo, un'adolescente, il cui corpo fu rinvenuto in stato di tale decomposizione che era impossibile sapere con certezza se la violazione fosse avvenuta. Che fosse stata violentata o meno, disse, non importava in relazione alla santità della ragazza. Restava una martire della castità per la stessa ragione per cui qualsiasi persona santa viene dichiarata martire della castità – non perché fosse inviolata, ma perché resistette alla violazione stessa. E mi disse il suo nome: Karolina Kózka, beatificata nel 1987 da papa Giovanni Paolo II.

Da principio rimasi delusa che il funzionario non fosse riuscito a scovare neppure una santa che fosse stata violentata. Riflettendoci sopra, comunque, mi resi conto che la mancanza di certezza assoluta circa il fatto che Karolina sia o non sia stata violentata non la rende una patrona meno adatta per le vittime di abusi sessuali infantili, al contrario.

Noi vittime non raccontiamo di solito tutti i dettagli di ciò che ci è accaduto a tutti quelli che incontriamo. In questo libro sono stata esplicita riguardo ad alcune delle mie esperienze nella speranza di aiutare altri, ma non sto condividendo ogni dettaglio. Se un ladro irrompesse nella mia stanza, la rapinasse e fuggisse, sarebbe ancora la mia stanza; non diventerebbe automaticamente uno spazio pubblico. Analogamente, il fatto che la mia sfera sessuale sia stata invasa non la rende meno mia. Essa rimane coperta con il velo della riverenza, un velo che protegge sia la mia modestia sia quella degli altri. Se si vuole sollevare il velo, la scelta di che cosa svelare e di come svelarlo dovrebbe venire da me, non da qualcuno all'esterno.

Tenendo presente questo, mi rendo ora conto che se ci fosse una santa di cui sapessimo con certezza che è stata stuprata, la nostra conoscenza di quello stupro sarebbe, in se stessa, una specie d'intrusione nella sua sfera privata. Il mistero stesso di cosa sia o non sia stato fatto a Karolina è funzionale a proteggere la sua dignità personale. Tale mistero è una rasserenante antitesi alla mentalità voyeuristica dei media popolari, che trasmettono dettagli dei crimini sessuali a tutte le platee a tutte le ore.

Ed è inoltre funzionale a contrastare gli sforzi malinformati di alcuni tra i fedeli i quali (come ho scritto quando trattavo di santa Maria Goretti nel capitolo 5) insinuano che l'essere violentate escluda dalle file dei puri.

Alcuni di coloro che raccontano la storia di Karolina Kózka insistono che rimase inviolata, anche se secondo il funzionario vaticano l'affermazione non ha alcuna validità scientifica; dal momento che il corpo di Karolina fu rinvenuto qualche settimana dopo che fu uccisa, «non sappiamo veramente se sia stata violata o no», mi ha detto. «Non abbiamo alcuna certezza su che cosa le sia accaduto».

Ma anche se l'affermazione fosse vera, dato che tutti coloro che conobbero Karolina hanno testimoniato la sua purezza, dato che le sue ferite mostrarono che si difese strenuamente, che cosa c'entrerebbe con la sua santità? Deve necessariamente essere più santa perché riuscì a respingere con la forza il suo assalitore prima che potesse violentarla? Una ragazza ugualmente pura, ma incapace di difendersi con tanto vigore, verrebbe privata della propria corona di martire? Naturalmente no – tuttavia l'idea erronea che una vittima di stupro non possa essere una martire arriva a raggiungere persino il sito web del Vaticano. La biografia ivi riportata di un'altra ragazza santa, la beata Albertina Berkenbrock, che fu uccisa mentre resisteva a un assalitore, dichiara: «La sua reputazione quale martire fu confermata quando l'ostetrica del posto che aveva esaminato il suo corpo disse che il tentativo di stupro non ebbe successo»[7]. Non sorprende che i fedeli rimangano confusi.

[7] Bl. Albertina Berkenbrock (1919-1931), www.vatican.va/news_services/liturgy/saints/ns_lit_doc_20071020_berkenbrock_en.html.

Quando feci notare al funzionario vaticano l'affermazione nella biografia della beata Albertina, mi assicurò che l'insinuazione che una santa che sia stata violentata non possa essere una vera martire era una «pura idiozia». Il problema, spiegò, è che alcuni dei materiali sui santi del sito sono scritti da giornalisti che non sono teologi.

«Non sempre la gente capisce quello che fa di un santo o di una santa un(a) martire della castità», proseguì il funzionario. «Per questo motivo è estremamente importante che tali cose vengano chiarite. Si può farlo distinguendo chiaramente tra integrità corporale e integrità morale».

Mi spiegò che ci sono due aspetti della verginità: fisiologico e morale. La verginità morale risiede nell'intelletto e nella volontà. «Si può essere violati fisicamente ed essere ancora vergini in senso morale». Dal momento che essere stuprate non comprende il consenso della volontà, le persone sante che sono state vittime di stupro prima di venire uccise non hanno fatto nulla degno di rimprovero. «Al contrario», proseguì il funzionario, «se hanno provato a difendersi [e sono comunque state violentate], esse sono in una posizione privilegiata... Sono martiri *nel senso più vero possibile*». In altre parole, lungi dall'essere macchiate o impure, esse sono le testimoni celesti che «*hanno lavato le loro vesti* rendendole candide col *sangue dell'Agnello*» (Apocalisse 7,14).

Karolina Kózka (1898-1914) visse e morì nel villaggio rurale polacco di Wal-Ruda[8]. La storia della sua

[8] Per Karolina Kózka la Eden fa riferimento a un articolo in polacco di Ryszarda Kurka e a una lunga biografia scritta dal vescovo polacco P. Bednarczyk, tradotti per lei da Maria Krze-

breve vita e del suo martirio, forse più delle altre contenute in questo libro, dimostra come i santi attingano al significato più profondo di Cristo e di se stessi attraverso l'Eucaristia. È nel ricevere il Corpo di Cristo che essi imparano come ricevere il proprio corpo, ed è nel difendere la dignità di Cristo che essi imparano a difendere la propria dignità.

Nata nella cascina della sua famiglia, quarta di undici figli, Karolina ebbe una solida base religiosa trasmessa dai genitori, Jan e Maria, che instillarono in lei l'amore per le preghiere della Chiesa. Per quanto fisicamente forte (non si ammalava mai), era sensibile e profondamente turbata nel momento in cui notava le proprie mancanze.

Dopo la sua morte, gli amici ricordavano la natura generosa, gentile e compassionevole di Karolina. Ma la ricordavano anche come una persona «normale» – che non attirava particolari attenzioni su di sé. Uno dei suoi coetanei disse: «Karolina era migliore di noi: più lavoratrice, più pia, più incline al sacrificio, più assidua. Faceva le stesse cose degli altri, ma meglio e di più».

Come Maria Goretti e Laura Vicuña, Karolina amava la preghiera formale, ma la sua devozione si esprimeva in tutto l'atteggiamento. La conversazione con Dio era naturale per lei; pregava non perché doveva ma perché voleva. La preghiera soddisfaceva un desiderio profondo del suo cuore. Conversava anche con la Beata Madre, perdendosi talvolta nella devozione mentre sistemava i fiori di fronte alla statua di famiglia di Maria.

mińska [in italiano, si veda www.santiebeati.it/dettaglio/90958, *ndt*].

Eppure la qualità che eccelleva di gran lunga nella vita di fede di Karolina era la sua devozione eucaristica. Gli amici dissero che amava l'inno cantato durante la processione del *Corpus Domini*, *Zróbcie Mu miejsce* [Fate spazio a Lui], facendo di queste parole il motivo della sua vita:

> Fate spazio a lui: il Signore sta venendo dal Cielo!
> Nascosto sotto forma di Pane.
>
> Ci sta concedendo doni a casa e nei campi.
> Esige soltanto il sacrificio dei nostri cuori.
> Li stiamo portando a te, o Dio! Li stiamo portando!
> Donaci grazie, noi ti stiamo donando i nostri cuori.
>
> E i testimoni di questo scambio tra le parti
> Saranno il cielo e la terra[9].

Ai coetanei l'amore di Karolina per il Santissimo Sacramento a volte sembrava eccentrico.

Prima della Messa del *Corpus Domini*, in cui l'Eucaristia doveva essere portata in processione, mentre altre ragazze erano impegnate a indossare i loro migliori abiti domenicali, Karolina stava seguendo l'indicazione dell'inno a «fare spazio a lui». Si recò nei sentieri circostanti la chiesa, strappando erba secca o grumi di terra. Quando un'amica le chiese che cosa stesse facendo, disse: «Oggi il Signore passa attraverso i campi; è meglio che sia pulito e ordinato dappertutto».

Dato il suo affetto personale per Gesù Eucaristia, non mi sorprende che, dopo aver ricevuto la Santa Comu-

9 Traduzione inglese di Maria Krzemińska.

nione, Karolina si inginocchiasse nella sua panca e recitasse a memoria l'*Anima Christi* (vedi Introduzione). Si tratta della preghiera di un'anima che ricerca l'unione: «Dentro le tue piaghe nascondimi. Non permettere che io mi separi da te». Sento un'affinità con lei, sapendo che, come me, desiderava ardentemente essere «nascosta con Cristo in Dio» (Colossesi 3,3), circondata dal suo amore protettivo e dalla sua misericordia.

L'ultimo giorno della sua vita, l'8 novembre 1914, la sedicenne Karolina supplicò di accompagnare la madre in chiesa, ma le fu ordinato di stare in casa perché era troppo pericoloso. Era cominciata la prima guerra mondiale; Wal-Ruda era stato occupato dall'esercito russo, e circolavano voci insistenti che i cosacchi stessero rapendo le ragazze del posto.

Mentre Maria era a Messa, un possente e tremendo cosacco irruppe in casa Kózka. Afferrò il padre di Karolina e lo strattonò, pretendendo di sapere dove fossero le armate austriache. Poi vide Karolina. Gridando e imprecando, accusando padre e figlia di nascondere informazioni, ordinò loro di andare con lui dal suo ufficiale superiore. Karolina e Jan dovettero marciare davanti al soldato, una baionetta puntata alle spalle.

Nell'avvicinarsi al bosco, Jan, temendo per sua figlia, tentò di indirizzare il soldato verso il villaggio. Ciò fece soltanto infuriare il soldato, che ordinò al padre di tornare a casa, minacciandolo di morte se avesse disobbedito. Jan esitò un istante in preda allo shock e alla paura, e poi girò i tacchi riluttante. Fu quella l'ultima volta che vide la figlia.

Poco dopo, mentre Jan era in piedi appoggiato all'angolo del fienile, piangendo e guardando il bosco, due adolescenti del posto corsero verso di lui. Si erano nascosti nel bosco, quando avevano visto una donna che non riconoscevano lottare con un possente soldato. Vedendo Jan in quelle condizioni, si resero conto che la donna che avevano visto era Karolina. Così gli dissero quello che avevano visto: si stava strenuamente difendendo contro l'assalitore ed era persino riuscita ad allontanarsi da lui di una certa distanza.

Il corpo di Karolina non fu rinvenuto che qualche settimana dopo, il 4 dicembre, steso a faccia in su in una palude in mezzo agli ontani ricoperti dalla prima neve della stagione. I suoi occhi erano aperti e rivolti verso il cielo. Le braccia e il petto mostravano ferite di baionetta. Scalza, le sue gambe infangate erano graffiate di spine di more e di biancospino, i cespugli che aveva cercato di attraversare nel suo disperato tentativo di fuga. Nella lotta, si era distanziata un po' dal punto in cui i ragazzi l'avevano individuata. Il suo assassino non venne mai catturato.

Le storie dei martirii di Maria Goretti e Laura Vicuña sono intrecciate con toccanti racconti di perdono. La carità delle sante sembra fondersi con la loro castità. Nella morte di Karolina, vedo i suoi sforzi di difendersi dallo stupro, ma nulla so di quanto traspirò tra lei e il suo assalitore. Che cosa di lei mi dà tale e tanta certezza che la sua resistenza fosse qualcosa di più che un atto di autodifesa – che, anzi, fosse un atto d'amore superiore?

La risposta per me è la medesima che per Maria Goretti, Laura Vicuña e tutte le martiri e i martiri della castità. Essa risiede nel modo in cui la devozione eucaristica di Karolina plasmava l'intera sua concezione dello spirito e della carne. Essere un martire non è mai morire per il proprio interesse. San Paolo, scrivendo in un'epoca di martirio, diceva alla Chiesa perseguitata di Roma: «Nessuno di noi, infatti, vive per se stesso e nessuno muore per se stesso» (Lettera ai Romani 14,7). Pertanto dire che Karolina, o qualsiasi martire della castità, sia morta difendendo la "propria" castità è fuorviante. Non stava difendendo soltanto la propria castità personale, ma anche la mia e la vostra. E non stava difendendo soltanto la castità fisica, ma anche la castità *spirituale* – la castità che Tommaso d'Aquino collegava con la carità, che ci porta all'unione con Dio e gli uni gli altri. Poiché sapeva che cosa significasse avere Cristo dentro di sé, sapeva che il corpo è il tempio dello Spirito Santo. Fu in difesa della santità di quel tempio – la santità di *tutti* i corpi – che resistette fino alla morte. Ecco perché Giovanni Paolo II disse, nell'omelia della sua beatificazione: «Karolina non ha salvato la vita temporale... Ha dato questa vita, per ottenere la vita: con Cristo in Dio... Ed ecco, cadendo per mano dell'aggressore, Karolina rende l'ultima testimonianza su questa terra, a quella vita che è in lei»[10].

Siamo tutti testimoni.

Non sono stata la prima persona nella mia famiglia a sperimentare un trauma infantile, anche se spero in Dio di essere l'ultima. Da adolescente, mia madre soffrì per lunghe settimane l'assenza di sua madre, quando mia nonna Jessie fu ricoverata due volte in ospedale per un esaurimento nervoso. Durante il secondo ricovero della

[10] Citato nell'articolo di Ryszarda Kurka, tradotto da Maria Krzemińska [il testo dell'omelia in italiano qui citato è disponibile sul sito del Vaticano: w2.vatican.va/content/john-paul-ii/it/homilies/1987/documents/hf_jp-ii_hom_19870609_beatificaz-carolina-kozka.html, *ndt*].

moglie, mio nonno Buddy, desolato ed esausto per le responsabilità legate alla cura di cinque figli, si sedette al tavolo della sala da pranzo e buttò giù una poesia intitolata *Shalom*. Quando mia nonna tornò a casa, ne fu così toccata che la trascrisse nella sua bellissima calligrafia, la incorniciò e la appese al muro della sala da pranzo. La prima strofa recita:

Caro Dio, la mia preghiera è semplice.
Insegnami il significato di «Shalom»,
affinché possa sperimentare la pace
per i giorni passati e venturi[11].

Ho riletto quella poesia centinaia di volte fin dalla più tenera infanzia ed è solo in questo momento che noto la richiesta di mio nonno di una «pace perfetta» non soltanto per il presente e il futuro, ma per «i giorni passati».

Nella forma straordinaria del Rito Romano (la Messa latina il cui linguaggio plasmò la spiritualità dei santi in questo libro), dopo il *Padre Nostro* il sacerdote pronuncia una preghiera che inizia così: «*Liberaci o Signore da tutti i mali, passati, presenti e futuri*». Se ometto i nomi dei santi citati nella preghiera, il testo è incredibilmente simile alla poesia di mio nonno:

Liberaci o Signore
da tutti i mali, passati, presenti e futuri...
concedi la pace ai nostri giorni,
e con l'aiuto della tua misericordia

[11] Per il testo completo della poesia si veda la Guida alla Lettura, p. 247.

vivremo sempre liberi dal peccato
e sicuri da ogni turbamento[12].

Che cosa sapeva mio nonno che anche gli autori della liturgia della Chiesa sapevano? Come possiamo chiedere a Dio la pace che ci libera dai mali del *passato*?

Nutro il sospetto che mio nonno sapesse che Dio trascende il tempo. Nella sua fede, credeva che la divina provvidenza fosse in grado di collegare i fili sciolti della sua vita in modo tale che i nodi ingarbugliati e le frange logore del suo passato potessero diventare parte di un arazzo meraviglioso.

Nella preghiera della Messa, vedo la medesima trascendenza e provvidenza divine, ma vi è qualcosa di più. Il sacerdote prega per la liberazione dai mali passati, presenti e futuri tenendo in mano la patena contenente l'ostia consacrata. Attraverso l'Eucaristia, non solo è «nascosta con Cristo» la mia vita presente e futura, ma anche il mio passato. Il male del mio passato è ancora male, ma non ha più potere su di me. Tutto quello che ne resta sono le mie ferite. Ora posso guardare al Crocifisso – prostrato come me – mentre il sacerdote tiene in mano l'ostia, e quelle stesse ferite diventano un punto di accesso per il suo corpo, il suo sangue, la sua anima e divinità. *Domine, non sum dignus*, «O Signore, non son degno...»

La mia amica Drusilla, un'orfana cattolica che subì brutali abusi da parte del patrigno e dei fratelli, si sen-

[12] Adattata da M. Gavin, sj, *The Sacrifice of the Mass* [Il sacrificio della Messa], Burns & Oates, Londra 1903, capitolo 13, www.the-latinmass.com/id213.html.

tiva come una bambina «gettata ai lupi». Nel suo blog scrive: «Dovetti fingere di essere un lupo per proteggermi dall'essere sbranata».

> Scrissi persino un breve racconto intitolato *The Wolf-Cat* [Il gatto-lupo], in cui una giovane gattina, il cui orgoglio è stato ucciso dai lupi, si nasconde nella pelle di un lupo morto per esservi trasportata dal branco e non morire sola. È usata e abusata, trattata come i lupi (almeno nella mia storia) trattano i propri simili, finché viene il giorno in cui la grande Gatta la richiama a sé, le restituisce la sua memoria e le dice che ha la missione di salvare i lupi[13].

Oggi Drusilla cerca di trasferire quel medesimo lieto fine alla propria storia:

> Non vivo più con i lupi. Sono di nuovo una gatta e felice di esserlo. Non ho però dimenticato quel tempo dentro la pelle di lupo. A volte sento ancora la vergogna, sento di meritare di essere molestata, sento di meritare di essere all'inferno – il fuoco è molto attraente. Ma nelle ferite di Gesù ricordo che le fiamme mi hanno bruciata ma mai posseduta. Appartengo a Cristo e non voglio mai appartenere a nessun altro...
> Conosco la via d'uscita dall'inferno ed è il mio compito dire agli altri come raggiungere un luogo sicuro. Non si tratta in alcun modo di una missione elevata. Consiste per lo più nel fare amicizia con coloro che Dio porta nella mia vita, pregando per quanti si trovano nel

[13] D. Barron, *Hell Doesn't Own me* [L'inferno non mi possiede], 21 luglio 2011, heirsinhope.blogspot.com/2011/07/.

bisogno e in modo assolutamente particolare per le vittime di molestie e per quanti le hanno molestate. Non è nulla di terribilmente eccitante, a meno che essere la tromba di un clacson sia eccitante. Dico soltanto a quanti si stanno bruciando che esiste una via certa per uscire dalle fiamme, quella via è Gesù[14].

Due anni fa, quando lessi per la prima volta il racconto di Michail Ford di come scoprì la propria vocazione sacerdotale, la domanda che gli fu posta da suo fratello Steve nonché la risposta di Michail mi toccarono profondamente. Steve, pensando al bimbo di sei anni che fu molestato dal suo patrigno, aveva chiesto: «Come potrei guardare negli occhi quel ragazzino e dirgli che Dio lo ama veramente?». Quella, mi resi conto, era proprio la domanda che mi assillava nella mia vita personale: se dovessi incontrare il mio io più giovane abusato – la ragazzina che ancora vive nella mia memoria –, come potrei guardarla negli occhi e dirle che Dio la ama veramente?

La risposta di Michail era che Dio, nel suo amore, mandò Steve a salvare quel bambino. Qual era la mia risposta? Dio mi ha salvato, portandomi alla fede affinché potessi condividere la sua vita divina. Ci ha impiegato un pochino di più a farlo che nel caso del bambino di 6 anni – venticinque anni in più, per essere precisi – ma l'ha fatto. È la prova del suo amore. Ma da sola quella risposta in qualche modo non bastava a rendermi capace di convivere con i ricordi delle molestie subite e delle ferite che provocarono.

Così continuai a riflettere sulla domanda, e ho continuato a rifletterci in preghiera per tutto il periodo in cui

[14] Barron, *Hell Doesn't Own me.*

ho scritto questo libro, sperando di trovare una risposta nella luce di Cristo. E penso di averne trovata una. Essenzialmente, è la stessa cui è arrivata Drusilla.

Dio ha permesso al mio cuore di essere ferito di modo che potessi rifugiarmi nel Cuore trafitto di Cristo, e Cristo potesse trovare una casa nel mio. Ma, oltre a ciò, lo permise in modo che il mio cuore fosse grande abbastanza per fornire riparo ad altre anime ferite, portando loro lo stesso Cristo che ho ricevuto io.

Ciò, mi rendo conto, è quello che i santi hanno fatto per me per tutto il mio viaggio: hanno aperto i propri cuori in modo che io potessi, tramite il loro amore, entrare più in profondità nel Cuore di Cristo. È la missione dell'intera Comunione dei Santi – che possiamo essere tutti una cosa sola, come il Padre e il Figlio sono una cosa sola (Giovanni 10,30). Nella sua volontà è la nostra pace[15].

[15] Cfr. Dante, *Paradiso*, canto III, v. 85.

RINGRAZIAMENTI

I miei ringraziamenti vanno in primo luogo all'educatrice consulente familiare Julia Fogassy, dato che fu a casa sua, nel dicembre 2010, che ebbi l'idea di scrivere un libro come questo, nel momento in cui scoprii la storia della beata Laura Vicuña nel volume di Ann Ball *Modern Saints: Their Lives and Faces* [Santi moderni. Le loro vite e i loro volti]. Poche settimane più tardi, l'assistente redattore dell'Ave Maria Press, Kristi McDonald, mi contattò per presentarsi. L'entusiasmo che lei e il direttore editoriale, Bob Hamma, mostrarono per l'idea progettuale di *Vi do la mia pace* mi trasmise l'incoraggiamento di cui avevo bisogno per svilupparla ulteriormente. La mia gratitudine più sincera va a loro e a tutto il personale dell'Ave Maria Press. Molte grazie anche al mio agente letterario, Wes Yoder, e a tutti i collaboratori dell'Ambassador Agency.

Sono stata straordinariamente fortunata a ricevere, nel corso della stesura del testo, il riscontro di tanti esperti e amici, tra i quali padre Joseph Alobaidi, op, Drusilla Barron, padre Phil Bloom, la dottoressa Carole Burnett, Judit Crow, Sarah Dickerson, William Doino Jr., Kevin Doyle, padre Paul Dressler, ofm, padre Scott Hurd, padre John Baptist Ku, padre John Luth, mic, padre James Martin, sj, Martha McNeill, Grace Mortemore, padre Bernard Mulcahy, op, Terry Nelson, Colin O'Brien, Deanna Olsen, Éric Plante, Timothy Post, Don Sean Raftis e Magdalen Ross.

Ulteriore prezioso aiuto mi è stato fornito da Maria Krzemińska, che ha messo gratuitamente a disposizione i suoi talenti per la traduzione di materiali riguardanti la beata Karolina, e dalle Sorelle della Carità del Québec, che mi hanno ospitato con tanta cortesia mentre scrivevo. Molti altri amici hanno fornito preghiere e sostegno morale. Grazie a tutti – sapete chi siete – e specialmente a suor Jane Dominic Laurel, op e a Janet Rosen.

La mia gratitudine più profonda va a padre Gabriel O'Donnell, op, vicepresidente e decano accademico alla Dominican House of Studies [a Washington, *ndt*], per aver mostrato fiducia in me quando mi sono rivolta a lui con l'intenzione di studiare teologia. Grazie anche a tutti i miei docenti non ancora citati, specialmente padre John Corbett, op e padre John Langlois, op, e ai miei compagni di università.

Un grazie al di là delle parole a tutta la mia famiglia, specialmente per le loro preghiere.

In memoriam: padre Francis Canavan, sj, suor Geraldine Calabrese, mpf, Jeffry Hendrix, Stephanie Noony, Eleanor Ruder, arcivescovo Pietro Sambi.

Infine, vorrei ringraziare Janet E. Smith, per avermi ricordato che è meglio accendere una sola candela che maledire il buio.

GUIDA ALLA LETTURA

Concepita tanto per i singoli come per i gruppi di lettura, questa guida comprende domande per la discussione e preghiere cui si fa riferimento nel testo.

Domande per la discussione in gruppi di lettura

Primo incontro – Dall'Introduzione al capitolo 4 compreso

1. Prima di leggere *Vi do la mia pace*, sapevate che ci fossero santi che avevano subito abusi sessuali infantili, o siete sorpresi? Se avevate sentito parlare di santi simili, di quali avevate sentito parlare? Se siete sorpresi, perché venire a sapere di tali santi è stato sorprendente?

2. Santa Giuseppina Bakhita giunse ad apprezzare la divina provvidenza vedendo come Dio suscitò il bene dal male. Raccontate di un momento nella vostra vita in cui ciò che sembrava il peggio da parte di Dio per voi risultò essere il meglio.

3. Nel capitolo 2, l'autrice parla di un trittico di vetrate che l'hanno aiutata ad approfondire il significato della devozione al Sacro Cuore. Un'immagine sacra o una statua vi hanno aiutati nel vostro itinerario spi-

rituale? Dove l'avete vista, e che cosa ha significato per voi?

4. Chi vi viene in mente – magari un amico o un'amica, un familiare o un santo – quando pensate a qualcuno che ha condiviso la passione di Cristo?

5. Come vi aiuta santa Teresa di Lisieux a capire la differenza tra l'infanzia in senso letterale e l'infanzia spirituale?

Secondo incontro – Dal capitolo 5 al capitolo 8

1. La beata Laura Vicuña è spesso chiamata «un'altra Maria Goretti». Quali sono le rilevanti somiglianze tra la sua testimonianza e quella di Maria? Quali le differenze?

2. Dorothy Day trovò la propria realizzazione non soltanto nella maternità biologica, ma anche nella maternità spirituale. Quali persone sono state per voi una madre o un padre spirituale?

3. Dio non ha permesso al corpo della beata Margherita di Città di Castello di sopportare la corruzione. La sua scelta di preservare questa santa fisicamente deforme cosa dice all'ossessione della nostra cultura per la giovinezza e la bellezza?

4. Leggete ad alta voce i primi tre capoversi del capitolo 8. Che emozioni vi suscita la storia di Michail Ford, op e di suo fratello Steve? Come avreste reagito se Steve vi avesse posto la domanda che ha fatto a Michail («Come potrei guardare negli occhi quel ragazzino e dirgli che Dio lo ama veramente»)?

5. Ricevendo Cristo nell'Eucaristia, si entra in comunione con Colui che era in principio, è ora e sarà per tutti i secoli dei secoli. Se voleste interiorizzare questa verità, il contatto con il Dio eterno come influenzereb-

be il modo in cui considerate gli eventi quotidiani della vostra vita? (Pensate all'osservazione di Dorothy Day nel capitolo 6, per esempio, dove dice che non potrebbe realizzare la sua opera senza la «costante rassicurazione» fornita dalla Messa.)

Preghiere

Anima Christi (tradizionale)
(entrate in comunione)

Anima di Cristo, santificami.
Corpo di Cristo, salvami.
Sangue di Cristo, inebriami.
Acqua del costato di Cristo, lavami.
Passione di Cristo, confortami.
O buon Gesù, esaudiscimi.
Dentro le tue piaghe nascondimi.
Non permettere che io mi separi da te.
Dal nemico maligno difendimi.
Nell'ora della mia morte chiamami.
Fa ch'io venga a lodarti con i tuoi santi
nei secoli dei secoli. Amen

Litanie al Sacro Cuore di Gesù

Signore, pietà.	Signore, pietà
Cristo, pietà	Cristo, pietà
Signore, pietà	Signore, pietà
Cristo, ascoltaci	Cristo, ascoltaci
Cristo, esaudiscici	Cristo, esaudiscici
Padre celeste, Dio	abbi pietà di noi
Figlio redentore del mondo, Dio	abbi pietà di noi
Spirito Santo, Dio	abbi pietà di noi
Santa Trinità, unico Dio	abbi pietà di noi
Cuore di Gesù, Figlio dell'Eterno Padre	abbi pietà di noi
Cuore di Gesù, formato dallo Spirito Santo nel seno della Vergine Maria	abbi pietà di noi
Cuore di Gesù, sostanzialmente unito al Verbo di Dio	abbi pietà di noi
Cuore di Gesù, maestà infinita	abbi pietà di noi
Cuore di Gesù, tempio santo di Dio	abbi pietà di noi
Cuore di Gesù, tabernacolo dell'Altissimo	abbi pietà di noi
Cuore di Gesù, casa di Dio e porta del cielo	abbi pietà di noi
Cuore di Gesù, fornace ardente di amore	abbi pietà di noi
Cuore di Gesù, fonte di giustizia e di carità	abbi pietà di noi
Cuore di Gesù, colmo di bontà e di amore	abbi pietà di noi
Cuore di Gesù, abisso di ogni virtù	abbi pietà di noi
Cuore di Gesù, degnissimo di ogni lode	abbi pietà di noi
Cuore di Gesù, re e centro di tutti i cuori	abbi pietà di noi
Cuore di Gesù, in cui si trovano tutti i tesori di sapienza e di scienza	abbi pietà di noi
Cuore di Gesù, in cui abita tutta la pienezza della divinità	abbi pietà di noi

Cuore di Gesù, in cui il Padre si compiacque	abbi pietà di noi
Cuore di Gesù, dalla cui pienezza noi tutti abbiamo ricevuto	abbi pietà di noi
Cuore di Gesù, desiderio della patria eterna	abbi pietà di noi
Cuore di Gesù, paziente e misericordioso	abbi pietà di noi
Cuore di Gesù, generoso verso tutti quelli che ti invocano	abbi pietà di noi
Cuore di Gesù, fonte di vita e di santità	abbi pietà di noi
Cuore di Gesù, ricolmato di oltraggi	abbi pietà di noi
Cuore di Gesù, propiziazione per i nostri peccati	abbi pietà di noi
Cuore di Gesù, annientato dalle nostre colpe	abbi pietà di noi
Cuore di Gesù, obbediente fino alla morte	abbi pietà di noi
Cuore di Gesù, trafitto dalla lancia	abbi pietà di noi
Cuore di Gesù, fonte di ogni consolazione	abbi pietà di noi
Cuore di Gesù, vita e risurrezione nostra	abbi pietà di noi
Cuore di Gesù, pace e riconciliazione nostra	abbi pietà di noi
Cuore di Gesù, vittima per i peccatori	abbi pietà di noi
Cuore di Gesù, salvezza di chi spera in te	abbi pietà di noi
Cuore di Gesù, speranza di chi muore	abbi pietà di noi
Cuore di Gesù, gioia di tutti i santi	abbi pietà di noi
Agnello dì Dio che togli i peccati del mondo	perdonaci, Signore
Agnello di Dio che togli i peccati del mondo	esaudiscici, Signore
Agnello di Dio che togli i peccati del mondo	abbi pietà di noi
Cuore di Gesù che bruci di amore per noi	infiamma il cuore nostro d’amore per te

Preghiamo

O Padre, che nel Cuore del tuo dilettissimo Figlio ci dai la gioia di celebrare le grandi opere del tuo Amore per noi, fa' che da questa fonte inesauribile attingiamo l'abbondanza dei tuoi doni. Per Cristo Nostro Signore. Amen

Te Deum

Noi ti lodiamo, Dio,
ti proclamiamo Signore.
O eterno Padre,
tutta la terra ti adora.
A te cantano gli angeli
e tutte le potenze dei cieli:
Santo, Santo, Santo
il Signore Dio dell'universo.
I cieli e la terra
sono pieni della tua gloria.
Ti acclama il coro degli apostoli
e la candida schiera dei martiri;
le voci dei profeti si uniscono nella lode;
la santa Chiesa proclama la tua gloria,
adora il tuo unico Figlio
e lo Spirito Santo Paraclito.
O Cristo, re della gloria,
eterno Figlio del Padre,
tu nascesti dalla Vergine Madre
per la salvezza dell'uomo.
Vincitore della morte,
hai aperto ai credenti il regno dei cieli.
Tu siedi alla destra di Dio, nella gloria del Padre.

Verrai a giudicare il mondo alla fine dei tempi.
Soccorri i tuoi figli, Signore,
che hai redento col tuo Sangue prezioso.
Accoglici nella tua gloria
nell'assemblea dei santi.
Salva il tuo popolo, Signore,
guida e proteggi i tuoi figli.
Ogni giorno ti benediciamo,
lodiamo il tuo nome per sempre.
Dègnati oggi, Signore,
di custodirci senza peccato.
Sia sempre con noi la tua misericordia:
in te abbiamo sperato.
Pietà di noi, Signore,
pietà di noi.
Tu sei la nostra speranza,
non saremo confusi in eterno.

Shalom
(scritta da mio nonno)

Caro Dio, la mia preghiera è semplice.
Insegnami il significato di «Shalom»,
affinché possa sperimentare la pace
per i giorni passati e venturi.

Donami l'amore per il lavoro onesto
Poi la pace quando i compiti necessari sono terminati,
grande calma che rilassa e un dolce riposo
quando il sole è tramontato e calano le ombre.

Dirigi le nostre mani per fare il loro meglio
per proteggere i deboli, aiutare gli oppressi.
Rafforza la loro fede e la nostra rinnova,
Migliora il mondo che abbiamo conosciuto
da principio.

E donaci l'amore più grande
affinché possiamo crescere e innalzarci sopra
tutte le lotte senza senso e la ripicca meschina
e illumina le nostre vite con luce radiosa.

E conducici a quella pace perfetta
quando avrà fine la lotta e cesserà l'invidia,
quando tutti si congiungeranno in unità.
Caro Dio, fa' di «Shalom» una realtà per me.

Bud, 1955

SUPPLEMENTI BIBLIOGRAFICI

Santa Giuseppina Bakhita

J.O. Maynard, *Josephine Bakhita: The Lucky One* [Giuseppina Bakhita. La fortunata], Catholic Truth Society, Londra 2002

[In italiano:

G. Bakhita, *Il cuore ci martellava nel petto. Il diario di una schiava divenuta santa*, San Paolo, Cinisello Balsamo, Milano 2015

Id., *Il diario*, San Paolo, Cinisello Balsamo, Milano 2010

R. I. Zanini, *Inchiesta su una santa per il 2000*, San Paolo, Cinisello Balsamo, Milano 2005, *ndt*]

Maria

F.J. Sheen, *The World's First Love* [Il primo amore del mondo], Ignatius Press, San Francisco 1996 (originariamente pubblicato nel 1952)

[In italiano, mi limito a segnalare un volume appena uscito:

W. Kasper, *Meditazioni su Maria*, EDB, Bologna 2018, *ndt*]

Gemma Galgani

Suor S. Michael, Portrait of St. Gemma [Ritratto di santa Gemma], P.J. Kennedy & Sons, New York 1949
[In italiano:
G. Farinelli, G. Giannini, *«Amore vuole amore». Vita, scritti ed eredità spirituale di Santa Gemma Galgani, mistica di Lucca*, Ares, Milano 2013
T. P. Zecca, *Vi parlo di me. Santa Gemma Galgani*, Editrice Shalom, Piane 2014, *ndt*]

Teresa di Lisieux

[In italiano:
Teresa di Lisieux (santa), *Storia di un'anima*, a cura di A. Andreini, Edizioni Paoline, Milano 2002, *ndt*]

Maria Goretti

Fr. G. Poage, cp, *Maria Goretti: In Garments All Red*, TAN Books & Publishing, Rockford, IL 1998
[In italiano, tra gli altri:
D. De Carolis, *Il martirio di Maria Goretti. Passione di Cristo. Passione di Marietta*, La Fontana di Siloe, Torino 2014
U. De Angelis, *In quella foto c'è Maria. Una storia di virtù, crudeltà e pentimento*, Nane Edizioni 2014
Il libello polemico: G. B. Guerri, *Povera santa, povero assassino. La vera storia di Maria Goretti*, Bompiani, Milano 2008, *ndt*]

Laura Vicuña

La maggior parte delle informazioni biografiche utilizzate in questo volume son tratte dall'articolo di John Cussen, «La Beata Laura Vicuña: The Nun's Version, Corrective of García Márquez's», *Religion and the Arts*, 11 (2007).
[In italiano: M. Fagiolo D'Attilia, *Laurita delle Ande. Vita di Laura Vicuña*, Edizioni Paoline, Milano 2004, *ndt*]

Dorothy Day

D. Day, *The Long Loneliness*, Harper One, New York 1981 [tr. it. *Una lunga solitudine*, Jaca Book, Milano 2002, *ndt*]

Molti degli scritti di Dorothy Day sono disponibili sul sito web del *Catholic Worker*, www.catholicworker.org/dorothyday/
[In italiano: D. Day, *Fede e radicalismo sociale*, La Scuola, Brescia 2012, *ndt*]

Bernardo di Chiaravalle

Sia il *Commento al Cantico dei Cantici* sia il *De diligendo Deo* sono disponibili online sul sito www.pathsoflove.com
[In italiano i *Sermoni sul Cantico dei Cantici* sono disponibili in versione pdf sul sito www.gianfrancobertagni.it/materiali/misticacristiana/bernardocantico.pdf

Sul *De diligendo Deo*, vedi www.gliscritti.it/blog/entry/2012 oltre a E. Bertola, *Introduzione*, in *Opera omnia di San Bernardo*, I, *Trattati*, Città Nuova, Roma 1984, *ndt*]

Massimiliano Kolbe

La migliore fonte per gli scritti di Massimiliano Kolbe è la libreria online sul sito www.marytown.com, il sito del Santuario Nazionale statunitense di san Massimiliano Kolbe. Il mio libro preferito su di lui è la biografia di Patricia Treece, *A Man for Others* [Un uomo per gli altri], Marytown Press, Libertyville, IL 1982 [tr. it. *Massimiliano Kolbe. Il santo di Auschwitz. Testimonianze di coloro che lo hanno conosciuto*, Edizioni dell'Immacolata, Borgonuovo 2007[5]].

Margherita di Città di Castello

W. Bonniwell, op, *The Life of the Blessed Margaret of Castello*, 1287-1320 [La vita della Beata Margherita di Città di Castello], TAN Books & Publishing, Rockford, IL 2009.
[In italiano:
B. Sartori, *Beata Margherita di Città di Castello*, Edizioni Paoline, Milano 2011; A. Lamorte, *Un mistero di dolore e di luce. Margherita di Città di Castello*, Edizioni Nerbini, Firenze 2010; B. Lungarotti, *Le legendae di Margherita di Città di Castello*, Cisam, Firenze 1994, *ndt*]

Tommaso d'Aquino

G.K. Chesterton, *Saint Thomas Aquinas / Saint Francis of Assisi*, Ignatius Press, San Francisco 2002 [in it.: San Tommaso d'Aquino, prefazione di F. Trevisan, Fede & Cultura, Verona 2015]

[In italiano:

Biografie: G. da Tocco, *Storia di San Tommaso d'Aquino*, Jaca Book, Milano 2015; R. Spiazzi, *San Tommaso d'Aquino. Biografia documentata*, ESD-Edizioni Studio Domenicano, Bologna 1995; I. Taurisano, *La vita e l'epoca di San Tommaso d'Aquino*, ESD-Edizioni Studio Domenicano, Bologna 1991

Opere: A. Ghisalberti, *Tommaso d'Aquino. Invito alla lettura*, San Paolo, Cinisello Balsamo, Milano 1999

Filosofia e teologia: *Il tomismo. Introduzione alla filosofia di san Tommaso d'Aquino*, Jaca Book, Milano 2011 (si noti il riferimento di Dawn Eden ai tomisti Fulton J. Sheen e san Giovanni Paolo II nella sezione «Libri» delle Risorse qui di seguito) *ndt*]

RISORSE

In conformità a una direttiva della Conferenza episcopale degli Stati Uniti, a ogni diocesi ed eparchia degli Stati Uniti si richiede di affrontare i bisogni pastorali di coloro che sono stati abusati sessualmente da parte di membri del clero, religiosi o dipendenti di istituzioni cattoliche[16]. Comunque, nel momento in cui questo libro va in stampa (2012), non esiste ancora alcuno sforzo organizzato di questo genere tra i vescovi degli Stati Uniti per raggiungere *tutte* le vittime cattoliche di abusi sessuali. È mia speranza che tale sforzo venga compiuto in futuro. Per il momento, in assenza di istruzioni istituzionali, non è facile individuare risorse terapeutiche coerenti con la fede cattolica.

La scelta di organizzazioni e di siti elencati in questa guida riflette il mio giudizio personale, all'epoca in cui scrivo, riguardo a quelle risorse che sembrano costituire buoni punti di partenza per quanti cercano aiu-

[16] Conferenza statunitense dei vescovi cattolici, *Charter for the Protection of Children and Young People* [Carta per la protezione dei bambini e dei giovani], articolo 1, www.usccb.org/issues-and-action/child-and-youth-protection/upload/Charter-for-the-Protection-of-Children-and-Young-People-revised-2011.pdf.

to. Le vittime sono incoraggiate a usare discernimento al momento di consultare qualsiasi elenco simile, visto che organizzazioni, siti web e le persone che ci stanno dietro possono cambiare. Ho intenzione di rivedere questi elenchi in base al riscontro proveniente dalle stesse vittime di abusi e da quanti offrono loro il proprio servizio ministeriale. Vi prego di visitare il mio blog dawneden.blogspot.com per gli ultimi aggiornamenti, e di mandarmi qualsiasi raccomandazione per migliorare la guida all'indirizzo e-mail: mypeace.dawneden@gmail.com[17].

DIREZIONE SPIRITUALE

Al di là della preghiera e della partecipazione alla vita sacramentale della Chiesa, le risorse più importanti per i cattolici che cerchino di guarire dagli effetti dell'abuso sessuale infantile sono un buon direttore spirituale e un buon terapeuta (che sia cattolico o che almeno rispetti la fede). Procurati entrambi i tipi di aiuto, se puoi. Se hai pensieri violenti o autodistruttivi, o se le tue condizioni psicologiche ti impediscono di condurre una vita normale, la ricerca di un terapeuta dovrebbe avere la priorità. Comunque, se non sei un pericolo per te stesso/a o per gli altri, se adempi adeguatamente le tue responsabilità quotidiane e hai soltanto bisogno di aiuto per gestire il dolore, allora trovare un direttore spirituale ha una priorità più alta.

[17] Per favorire il lettore italiano che si trovi in difficoltà, sono stati inseriti alcuni possibili riferimenti di aiuto sul nostro territorio, in calce al testo di Dawn Eden [*ndr*].

Il direttore spirituale deve essere un sacerdote?

Papa Benedetto XVI raccomanda che i fedeli cerchino la direzione spirituale da «una guida sicura nella dottrina ed esperta nelle cose di Dio», il che sembrerebbe implicare la scelta di un sacerdote, se disponibile[1]. Aggiungerei che scegliere un sacerdote rispetto a un direttore spirituale laico è anche più sicuro: mentre i direttori spirituali laici rispondono soltanto a se stessi, ai preti è richiesto dal diritto canonico, nonché dai regolamenti della loro diocesi o ordine religioso, di osservare certe norme nell'interagire con i fedeli. (Questo vale specialmente in relazione al tema della riservatezza. Se si cerca una direzione spirituale nell'ambito della confessione, il prete non può rompere il sigillo sacramentale della confessione, salvo incorrere nella scomunica automatica.)

Inoltre, la guida spirituale di un sacerdote ti dà la possibilità di ricevere il Sacramento della Penitenza durante la vostra seduta. Se scegli di farlo, puoi ricevere l'orientamento spirituale durante la confessione, oppure autorizzare il prete a trattare determinati contenuti della tua confessione durante la direzione spirituale (se lo fa, è comunque tenuto a mantenere il sigillo sacramentale della confessione). Normalmente mi confesso all'inizio della mia seduta. Poi, dopo l'assoluzione, do al mio direttore il contesto di peccato che ho confessato, di modo che mi possa consigliare su come gestire la tentazione di commettere tale peccato quando

[1] Benedetto XVI, *Discorso alla Comunità della Pontificia Facoltà Teologica "Teresianum" di Roma*, 19 maggio 2011, w2.vatican.va/content/benedict-xvi/it/speeches/2011/may/documents/hf_ben-xvi_spe_20110519_teresianum.html.

emergerà in futuro. Nella mia esperienza, ricevere tale orientamento in uno stato di grazia post-confessione mi agevola nel correggere i comportamenti e le linee di pensiero che conducono al peccato.

Se non è disponibile un sacerdote, un membro consacrato di un ordine religioso (per esempio un frate, un monaco o una monaca) può fornire la direzione spirituale. Comunque, non è una buona idea farsi guidare da una persona laica non consacrata, dal momento che il tipo di preparazione offerto nei loro corsi di formazione è molto più leggero di quello ricevuto dai sacerdoti o dalla maggioranza dei religiosi consacrati. Data la complessità delle sfide che si affrontano da sopravvissuto all'abuso sessuale, chi si prende cura della tua anima dovrebbe avere un livello di formazione teologica universitario, e anni di esperienza nella cura pastorale.

È a pagamento?

I preti e i religiosi consacrati non dovrebbero imporre una tariffa per la direzione spirituale, ma possono accettare donazioni, e magari potresti offrirne una volontariamente, se la tua guida ti è stata d'aiuto (fa eccezione il caso di un direttore spirituale con licenza di psicoterapeuta che ti dà orientamenti nel corso della terapia offerta. In tal caso, potete magari stabilire una tempistica delle spese da concordare tra voi).

Come trovo un direttore spirituale?

Ho avuto maggior successo nel trovare un direttore spirituale contattando una comunità locale maschile di religiosi consacrati, come i domenicani o i cappuccini. In molte comunità simili, la direzione spirituale fa parte del loro carisma; inoltre, i loro sacerdoti tendono ad avere più tempo per offrire un orientamento di quanto ne abbiano i sacerdoti nelle parrocchie. Un'altra possibilità è quella di chiedere al tuo parroco suggerimenti su come trovare un direttore spirituale. Per esempio, potrebbe conoscere un sacerdote in pensione che abbia il tempo e l'energia di dirigere un'anima.

Se tutto il resto non va a buon fine e non riesci nemmeno a trovare un religioso consacrato con conoscenze teologiche che non sia un prete, trova un confessore regolare e confessati da lui almeno una volta al mese (due volte sarebbe ancora meglio). All'inizio della confessione, dopo aver detto da quanto non ti confessi, aggiungi: «E desidererei qualche orientamento spirituale» (è bene fargli capire che cerchi maggiore partecipazione da parte sua rispetto a una normale confessione). Poi, mentre confessi i tuoi peccati, fagli presente quale peccato è particolarmente legato a un'area di ansia, debolezza o dolore riguardo ai quali hai bisogno di orientamento. Mentre non avrai il lusso del tempo che avresti in una seduta di direzione spirituale, i benefici saranno simili; soprattutto se continui a tornare dallo stesso confessore.

Che cosa dovrei cercare in un direttore spirituale?

L'*Enciclopedia Cattolica* consiglia che un direttore spirituale sia istruito riguardo alla vita spirituale e fedele al magistero della Chiesa[2]. In più, dice che dovrebbe as-

[2] Si veda U. Bonzi da Genova, *Direzione spirituale*, in *Enciclopedia Cattolica*, Ente per l'Enciclopedia Cattolica e per il Libro Cattolico, Città del Vaticano, 12 voll., Sansoni, Firenze 1948-1954, vol. 4, 1950, coll. 1687-1696; C. Coppens, «Spiritual Direction», in *The Catholic Encyclopedia*, Robert Appleton Company, New York 1909, www.newadvent.org/cathen/05024a.htm.

sistere l'interessato nell'approfondire la propria pratica di preghiera e mortificazione (quest'ultima rappresenta un esercizio ascetico attraverso il quale l'anima è formata a vivere virtuosamente). Tra le domande che potrebbero aiutarci a valutare se un potenziale direttore spirituale soddisfi questi criteri ci sono le seguenti: quali libri raccomanda a chi gli chiede orientamenti? Aderisce alle dottrine della Chiesa riguardo al matrimonio e alla sessualità? Lavora con organizzazioni che promuovono tali dottrine, come, per esempio negli Stati Uniti, *Courage* (che aiuta gli omosessuali a vivere in castità) o *Rachel's Vineyard* [la Vigna di Rachele] (che aiuta le donne nel percorso di guarigione e di riconciliazione post-aborto)?

Un'altra domanda importante da farsi è se il direttore spirituale sia disposto ad aiutarti a risolvere questioni relative all'abuso sessuale infantile. Io l'ho imparato sulla mia pelle dopo aver cercato un prete per farmi guidare in un momento in cui avevo bisogno di aiuto a gestire altre questioni. Dopo parecchie sedute, in cui mi aveva assistito nel risolvere problemi che costituivano la mia preoccupazione iniziale, cercai di inserire nella discussione il mio abuso sessuale infantile. Con mia sorpresa, il prete mi disse di non sentirsi qualificato a guidarmi in quell'ambito. Se da una parte apprezzai la sua onestà, ponendo le domande giuste all'inizio, mi sarei risparmiata la complicazione di cambiare direttore spirituale.

Quali sono i benefici della direzione spirituale?

Della direzione spirituale papa Benedetto XVI ha detto: «Per andare verso il Signore abbiamo sempre bisogno di una guida, di un dialogo. Non possiamo farlo solamente con le nostre riflessioni»[3]. Benedetto dice che tale guida ti porterà a una profonda conoscenza di te stesso/a, conducendoti a un'unione più profonda con il Signore, di modo che la «[tua] esistenza si conformi sempre più al Vangelo»[4].

Nella mia esperienza personale, ho trovato che un buon padre spirituale mi aiuta a vedere le mie sfide, ansie e trionfi quotidiani alla luce del piano più ampio di Dio per la mia vita. Mi incoraggia, mostrandomi come Dio sta usando le mie battaglie personali per perfezionarmi.

TERAPIA

Sarebbe meglio che scegliessi un terapeuta cattolico rispetto a uno non cattolico?

La scelta dipende da te, ma in base alla mia esperienza personale (vedi capitolo 6), a parità di condizioni, lo raccomanderei.

Se scegli un terapeuta non cattolico e non sei sposato/a, non aver paura di fargli delle domande per assicurarti che rispetti la tua decisione di vivere in castità. Se il terapeuta crede che la tua scelta a favore della castità rifletta necessariamente la repressione, la paura del sesso o la sottomissione irrazionale all'autorità, vai da qualche altra parte (con ciò non intendo negare che alcune vittime di abuso sessuale infantile possano effettivamente essere represse o spaventate del sesso. Comunque, un

3 Benedetto XVI, Udienza Generale, 16 settembre 2009, w2.vatican.va/content/benedict-xvi/it/audiences/2009/documents/hf_ben-xvi_aud_20090916.html.
4 *Ivi*.

buon terapeuta non dovrebbe vedere nella castità in se stessa la dimostrazione di una situazione patologica).

Un'altra domanda da porre è se il terapeuta sia disposto a consultarsi con il tuo direttore spirituale. Un buon terapeuta non dovrebbe avere obiezioni a farlo con il tuo permesso. Instaurare una collaborazione professionale tra il tuo terapeuta e il tuo padre spirituale può aiutare moltissimo la tua guarigione.

Dove posso trovare un terapeuta cattolico?

L'ufficio della Caritas della tua zona potrebbe essere in grado di aiutarti a trovarne uno.

Alcuni studi di psicoterapia cattolici sono diretti da membri di movimenti laici come l'Opus Dei e il Regnum Christi. Informarsi se un potenziale terapeuta appartenga a un movimento laico fa capire l'impostazione con cui il terapeuta pratica la propria fede.

Che cosa dovrei cercare in un terapeuta?

Certamente ne occorre uno dotato di tutte le abilitazioni nazionali o regionali. Verifica sul sito dei professionisti abilitati per assicurarti che non vi siano lamentele contro il terapeuta. Se non conosci il nome della scuola di specializzazione frequentata dal terapeuta, verifica online che sia accreditata. (Una volta feci un'esperienza molto negativa con un terapeuta che si spacciava per dottore di ricerca. Quando reclamai riguardo all'albo professionale circa il titolo, mi dissero che il suo dottorato veniva da un diplomificio.)

Molte delle medesime domande che andrebbero fatte a un potenziale padre spirituale (vedi sopra) andrebbero poste anche un potenziale terapeuta. Se il terapeuta lavora con *Rachel's Vineyard* o con altri servizi post-aborto, consideralo un buon segno, dato che le donne con un aborto alle spalle soffrono delle medesime problematiche psicologiche delle vittime di abuso sessuale infantile. Inoltre, informati specificamente su quanta esperienza abbia il terapeuta negli ambiti dell'abuso sessuale infantile e del disturbo da stress post-traumatico.

Che cosa dovrei aspettarmi dalla terapia?

Aspettati di sviluppare migliori meccanismi di lotta per gestire lo stress e l'ansia, e per imparare a contrastare il soliloquio negativo che può alimentare la depressione. Un buon terapeuta ti aiuterà anche a migliorare le tue capacità di comunicazione interpersonale (in particolare con i tuoi familiari e altri a te vicini) e a superare le paure sociali.

ORGANIZZAZIONI E SITI WEB [IN AMBITO ITALIANO[5]]

Organizzazioni che assistono le vittime di abusi sessuali

In aiuto di minori e donne vittime di violenza e abusi
www.associazionewelcome.org

Rete l'ABUSO, Associazione vittime sopravvissuti agli abusi del clero,
retelabuso.org

5 Il testo di Dawn Eden offre un elenco di siti e organizzazioni in ambito americano; qui sono sostituiti con quelli utili al pubblico italiano [*ndr*].

Associazione Vittime Torre di Guardia, Associazione Vittime dei Testimoni di Geova

associazionevittimetorrediguardia.wordpress.com/tag/abusi-su-minori/page/2/

CAM (Centro ausiliario per i problemi minorili)
www.cam-minori.org/new/chisiamo.php

Dal CAM è nato anche il **CBM, Centro per il bambino maltrattato**

www.ilmelogranonet.it/cbm/page.php?37#

SOS Bambini Onlus
Via Canonica 72
20154 Milano
www.sosbambini.it
info@sosbambini.it

Telefono Azzurro – Sede di Milano
Corso Lodi, 47 - 20139 Milano
Telefono 02 550271
Fax 02 55027200
www.azzurro.it/it/contatti-0

Coordinamento Italiano dei Servizi contro il Maltrattamento e l'Abuso all'Infanzia

Associazione di Promozione Sociale (APS)

Sede legale: via Castellaccio, 4 - 41051 Castelnuovo Rangone (Mo)

www.cismai.it

Forum delle Associazioni Familiari
www.forumfamiglie.org/

Associazioni di aiuto alla vita e alla famiglia

Sul sito del Dicastero per i Laici, la Famiglia e la Vita, istituito nel 2016 da papa Francesco (www.laityfamilylife.va/content/laityfamilylife/it/sezione-vita/siti-web-pro-vita.html), si trovano riferimenti a molti siti pro-vita, tra cui:

Movimento per la vita
www.mpv.org/

Prof. Giuseppe Noia
www.noiaprenatalis.it

Centri specializzati in disturbo da stress post-traumatico

Milano
Centro Medico Santagostino
www.cmsantagostino.it/santagostinopedia/il-disturbo-da-stress-post-traumatico

Saronno
Centro Cognitivo
www.centrocognitivo.it/psicoterapia/

Firenze
Istituto di Psicologia e Psicoterapia Comportamentale e Cognitiva
www.ipsico.it/sintomi-cura/disturbo-post-traumatico-da-stress/

Roma
www.istitutobeck.com/trauma-abuso

LIBRI

La migliore risorsa che ho trovato sul disturbo da stress post-traumatico è *Traumatic Stress*: *The Effects of Overwhelming Experience on Mind, Body and Society*, a cura di B.A. van der Kolk, MacFarlane e Weiseath, Guilford Press, New York 1996 [In italiano: *Stress traumatico. Gli effetti sulla mente, sul corpo e sulla società delle esperienze intollerabili*, Magi Edizioni, 2005]. Si tratta di una raccolta di saggi di esperti, scritta in un linguaggio che è generalmente comprensibile a una persona istruita non del mestiere.

Nel mio itinerario di guarigione, sono stata profondamente aiutata dal libro di M. Scott Peck, *People of the Lie: The Hope for Healing Human Evil* [Gente della menzogna: la speranza di guarire il male umano], Simon & Schuster, New York 1983. Attraverso di esso, ho cominciato ad accorgermi in che misura l'abuso mi avesse influenzata e a imparare come agire partendo dal mio benessere piuttosto che dal mio trauma.

Anche tre classici di F.J. Sheen mi hanno aiutato a guarire: *Peace of Soul* (1949) [In italiano: *La pace dell'anima*, Richter, 1953], *Lift Up Your Heart* [In alto i vostri cuori] (1950) – entrambi ristampati dalla Triumph Books – e *Calvary and the Mass* (1936) [In italiano: *Il calvario e la Messa*, Richter, Napoli 1958], ristampato dalla IVE Press. Leggeteli se volete trarre il massimo profitto tanto dalla guida spirituale quanto dalla terapia. È stato il modo meraviglioso in cui Sheen capisce la psicologia umana che mi ha spronato a studiare la teologia di san Tommaso d'Aquino. *Calvary and the Mass* è un'opera breve ma straordinariamente forte che attinge alla struttura e alle preghiere della Messa per spiegare la teologia cattolica sulla sofferenza redentiva.

Sheen ha scritto anche il miglior libro disponibile riguardo alla sessualità: *Three to Get Married* [In italiano: *Tre per sposarsi*, Richter, Napoli 1965], ristampato dalla Scepter Publishers. Quasi trent'anni prima che papa Giovanni Paolo II desse la propria *Catechesi sull'amore umano* (popolarmente nota come la teologia del corpo), Sheen adottava un approccio notevolmente simile alla strutturazione delle dottrine della Chiesa: mostrando, cioè, come il Dio Trino iscriva la vocazione all'amore nell'uomo e nella donna.

In italiano[6]

Sul disturbo da stress post-traumatico:

G. Craparo, *Il disturbo post-traumatico da stress*, Carocci, Roma 2013

C. Frueh, A. Grubaugh, J. Elhai, *Disturbo Post Traumatico da Stress. Diagnosi e trattamento*, trad. di V. Penati, FerrariSinibaldi, Milano 2013.

Sull'abuso sessuale infantile:

C. Roccia, *La vittima di abuso sessuale fra amore e odio per l'abusante*, www.synergiacentrotrauma.it/arg_Violenza-conto-bambini-e-adolescenti_10/

6 A cura del Traduttore.

art_la-vittima-fra-amore-e-odio-per-labusante_449 e relativa bibliografia.
Caratteristiche di personalità dell'abusante, https://www.psiconline.it/articoli/psicopatologia/caratteristiche-di-personalita-dell-abusante.html

Sulle vittime di abusi:

A. Rinaldi, *Dalla parte dei piccoli: Chiesa e abusi sessuali*, La Meridiana, Bellaria, Rimini, 2018
V. Moretti, J. Boschini, *Questo mostro amore: I rapporti d'amore violenti in adolescenza*, FrancoAngeli, Milano 2018.

Il testo di riferimento della Chiesa cattolica: CEI, Congregazione della Dottrina della Fede, *Linea guida per i casi di abuso sessuale nei confronti di minori da parte di chierici*, Edizioni Paoline, Milano 2014.

Sulla sessualità umana:

(Da una prospettiva cattolica)
G. Davanzo, *Sessualità umana e etica dell'amore*, Ancora, Milano 1992; Id, *Educarsi all'amore. La sessualità umana nel progetto di Dio*, EDB, Bologna 1998.

(In generale)
V. Puppo, *La sessualità umana e l'educazione a fare l'amore, con aggiornamenti 2011*, Editore Vincenzo Puppo 2005, anche in formato kindle; vedi anche www.vincenzopuppo.altervista.org/chisiamo.html: *La nuova sessuologia: l'educazione a fare l'amore. La prevenzione delle violenze.*

INDICE

Stampa: Elcograf – Cles (TN)